¿Es la Navidad un mito?

¿Es la Navidad un mito?

Eleazar Barajas

Número de Control de la Biblioteca del Congreso de EE. UU.:   2023907470
ISBN: Tapa Blanda   978-1-5065-5012-1
                Libro Electrónico   978-1-5065-5013-8

Fecha de revisión: 12/04/2023

Para realizar pedidos de este libro, contacte con:
Palibrio
1663 Liberty Drive, Suite 200
Bloomington, IN 47403
Gratis desde EE. UU. al 877.407.5847
Gratis desde México al 01.800.288.2243
Gratis desde España al 900.866.949
Desde otro país al +1.812.671.9757
Fax: 01.812.355.1576
ventas@palibrio.com
851143

ÍNDICE

INTRODUCCIÓN

Mito o no mito, la celebración de *La Navidad* o *El Natalicio* de Jesús en Belén de Judea es una Fiesta mundial. "Los mitos (del griego μύθος, *mythos*, 'relato', 'cuento) son narraciones que expresan las ideas ancestrales de un pueblo acerca del mundo en el cual vive. Surgieron para que dichos pueblos les puedan dar una respuesta a cuestiones que les resultaban inexplicables. Por lo tanto, a través de relatos tradicionales, intentaron aclarar los misterios de los ciclos de la vida y de la muerte, y explicar cómo comenzaron a existir todas las cosas (la Tierra, el hombre, el fuego, las enfermedades, los astros, etc.).

Los mitos relatan acontecimientos prodigiosos protagonizados por seres sobrenaturales o extraordinarios (dioses, semidioses, héroes, etc), que a partir de lo que crearon desde los orígenes, hicieron que el hombre fuera lo que es".[1]

El termino mito, entonces, es sinónimo de un *relato* o de un *cuento*; y un cuento es una narrativa creada por uno o varios escritores en donde se presentan hechos que pueden ser reales, pero en su mayoría son ficticios. Mito, entonces, "también puede

---

[1] Wikipedia, la Enciclopedia Libre. *Mito*. (La Habra, California. Internet. Consultado el 28 de marzo del 2023), ¿? https://es.wikipedia.org/wiki/Mito

ser una historia ficticia de elaboración literaria, en la cual se condensa alguna realidad humana y que tiene determinada significación universal.[2]

Ahora bien, ¿Es la Celebración de *La Navidad* un mito? ¿Cuándo decimos: *¡Feliz Navidad!*, estamos apoyando un hecho ficticio? ¿Será posible que el nacimiento de Jesús en Belén de Judea sea un mero cuento?

El escritor Juan Mast se pregunta: "¿Cuál es el evento que cambió la historia humana, que marcó el cambio del calendario? ¿Qué acontecimiento trajo esperanza al ser humano destituido de Dios? - La Biblia dice que - fue el nacimiento de Jesús, - es decir, el evento de – Dios hecho carne (Juan 1:14)".[3] La narrativa de este evento se puede leer en el Evangelio de Mateo 1:18-25 y en el Evangelio de Lucas 2:1-7. Estos dos evangelistas son los que dan por hecho histórico lo que nosotros llamamos *La Navidad.* Ellos no hablaron de un mito, de un cuento ni de algo ficticio.

Sin embargo, algunos han considerado este acontecimiento como una narrativa interesante pero no verídica. Por ejemplo, para el teólogo liberal,

---

[2]   Eva Andrés Vicente. (Licenciada en Filología Clásica). *¿Qué es un Mito?* (La Habra, California. Internet. Consulatdo el 28 de marzo del 2023), ¿? https://www.significados.com/mito/

[3]   Juan Mast. *Un niño nos es nacido.* Artículo en La Antorcha de la Verdad: Revista bimestral. (Costa Rica, C.A. Publicadora la Merced. Noviembre-diciembre del 2022. Volumen 36, Número 6), 1, 10.

Rudolph Bultmann, esta narrativa es un mito. Es un cuento muy agradable, pero al fin de cuentas es un cuento; nada histórico o verídico. Es una narrativa mítica por el simple hecho de que, para Bultmann, no existe tal cosa como el Jesús histórico.[4]

¿Será verdad que la narrativa de la Navidad es un mito? ¿Un mero cuento judío? ¿Los evangelistas Mateo y Lucas nos narraron un hermoso cuento navideño? Si esto es cierto, entonces, debemos de rechazar los relatos del Nuevo Testamento como verdades históricas.

P. D. Bransen examina diez razones por la que la gente rechaza la Biblia. Y, por supuesto, la narrativa de *La Navidad*. El primero de ellos es los mitos.[5] Y dice que, "en las naciones secularizadas de Europa y Occidente, son muchos los que declaran que la Biblia es poco más que una colección de mitos interesantes y dichos hermosos inventados por los hombres. La

---

[4] Rudolph Bultmann. *Desmitologización*. Una de las palabras clave para entender la teología del siglo veinte es "desmitologización." Hizo famoso el término Rudolf Bultmann, cuando introdujo la idea en su ensayo "Nuevo Testamento y Mitología" de 1941. El impacto de este concepto en Europa ha sido tremendo. (La Habra, California. Internet. Consultado el 9 de enero del 2023), ¿? https://www.bing.com/search?q=Rudolph+Bultmann+y+la+mitologia&form=QBLH&sp=31&qs=n&sk=&cvid=4417F5D72D09454FA2E7CBFD6008A304&ghsh=0&ghacc=0&ghpl=

[5] Got Questions. *¿Qué es la desmitologización? ¿Hay que desmitologizar la biblia?* El concepto de desmitologización proviene de Rudolf Bultmann, un destacado teólogo y erudito del nuevo testamento en el siglo XX. Bultmann consideraba que el nuevo testamento era simplemente el relato humano de los encuentros divinos que los escritores tuvieron con Dios en Cristo. Según Bultmann, los escritores de los evangelios sólo utilizaron los términos y conceptos que estaban disponibles en el momento, y esos términos y conceptos estaban estrechamente ligados a lo milagroso y a lo sobrenatural, lo cual Bultmann vio como mito. (La Habra, California. Internet. Consultado el 9 de enero del 2023), ¿? https://www.gotquestions.org/Espanol/desmitologizacion.html

mayoría mantiene esta opinión sin jamás haber investigado objetivamente las Escrituras".[6] En este libro, se ha tratado de hacer una investigación histórica y objetiva de lo que dice la narrativa bíblica.

Comenzamos, pues, estos diez estudios/mensajes sobre las profecías de Isaías 9:6 y Miqueas 5:2, pero, en vista de lo dicho anteriormente, nos preguntamos: ¿Esas profecías son mitos? ¿Son hermosos dichos inventados por los hombres? O, ¿será que es revelación divina que no hemos investigado objetivamente? ¿Será que el alemán Joseph Mohr, en 1818 popularizó el mito de *La Navidad* con su composición *Noche de Paz* y que, Franz Gruber, al ponerle música a esa poesía ayudó a que se popularizara el mito de *La Navidad*? Lo que ellos compusieron y cantaron fue:

¡Noche de paz, noche de amor!
Todo duerme en derredor,
Entre los astros que esparcen su luz,
Bella, anunciando al niñito Jesús,
Brilla la estrella de paz,
Brilla la estrella de paz.

¡Noche de paz, noche de amor!
Oye humilde el fiel pastor,
Coros celestes que anuncian salud,
Gracia y gloria en gran plenitud,

---

[6] P. D. Bramsen. *Un Dios un mensaje: Descubre el misterio, haz el vieje*. Trd. Carlos Tomás Knott. (Grand Rapids, Michigan. Editorial Portavoz, filial de Kregel Publications. 2011), 15-16.

Por nuestro buen redentor,
Por nuestro buen redentor.

¡Noche de paz, noche de amor!
Ved qué bello resplandor,
Luce en el rostro del niño Jesús,
En el pesebre del mundo la luz,
Astro de eterno fulgor,
Astro de eterno fulgor".[7]

¿Será que todo esto es un mito? ¿Será que es
un mito que había pastores en los campos de Belén
de Judea cuando nació el Mesías de Israel? ¿Será
que es un mito el reinado de Herodes el Grande en
Jerusalén en los tiempos en que Jesús nació entre
sus dominios? Estas y muchas otras preguntas nos
podemos hacer en cuanto a que, si *La Navidad* es un
mito o no lo es.

Les invito a que investiguemos objetivamente lo
que dice la Escritura Sagrada (La Biblia), lo que dice
la Historia Secular, lo que dice la tradición y lo que
dicen las leyendas en cuanto a *La Navidad*. Hagamos
estas investigaciones objetivas sin perder el objetivo
de este libro: ¡Estos son Mensajes Navideños!

---

[7]   Joseph Mohr. *Noche de Paz*. (Himnario Bautista. (El Paso, Texas. Casa Bautista de
Publicaciones.1986), 58.

El profeta Isaías fue uno de los grandes profetas bíblicos,[8] no sólo por ser el profeta que más profecías escribió sino porque su amplio campo profético acerca del Mesías de Dios es más detallado que las demás profecías mesiánicas; abarca desde el nacimiento hasta la misma resurrección del Señor Jesucristo en su ministerio terrenal, mientras que, en su ministerio espiritual, el Mesías de Dios, es, en la profecía de Isaías, un Ser que tiene una soberanía que no tiene límite: ¡Es un reino para siempre![9]

En el clásico de ficción; *Los Casos Celebres de Sherlock Holmes*, su colega de investigaciones, el Dr. Watson, en un caso criminal le pregunta a Holmes: "- ¿Qué cree usted que significa? – la respuesta del investigador fue –.

-Aun no dispongo de datos. Es un error capital teorizar antes de tener datos. Sin darse cuenta, uno empieza a deformar los hechos para que se ajusten a las teorías, en lugar de ajustar las teorías a los hechos.

---

8   Wikipedia, la Enciclopedia Libre. *El Profeta Isaías*. Isaías (en hebreo, יְשַׁעְיָהוּ, Yəšaʻyahū, "salva Yahw") fue uno de los cuatro profetas mayores del Antiguo Testamento (junto con Jeremías, Ezequiel y Daniel), cuyo vida y obra tuvo lugar hacia el siglo VIII a.C.2 El ministerio profético de Isaías tuvo lugar en el Reino de Judá durante las monarquías de Uzías, Jotán, Acaz, Ezequías y Manasés.3 Profetizó durante la crisis causada por la expansión del Imperio asirio. Isaías nació probablemente en Jerusalén hacia 765 a. C. y fue asesinado (aserrado), según se cree, por el rey Manasés en 695 a. C.45 Según la tradición talmúdica, Isaías posiblemente fue primo de Ozías y pariente de los reyes contemporáneos de Judá. (La Habra, California. Internet. Artículo consultado el 31 de diciembre del 2022), ¿? https://es.wikipedia.org/wiki/Isa%C3%ADas_(profeta)

9   Isaías 9:6-7.

Muchas personas cometen este *'error capital'* con las Escrituras".[10] Arman sus teorías sobre los relatos bíblicos, en este caso, sobre *La Navidad* sin investigar objetivamente lo que de ella se dice en la Biblia, en la Historia y en otras literaturas y, después aseguran que lo que dice la Escritura es un mito.

Otros, no toman *La Navidad* como un mito, sino como un tiempo para relajarse; un tiempo para diversión y también un tiempo para el negocio. Es decir que de una u otra manera, "Satanás ha hecho una gran campaña para impedir la gloria que el Hijo de Dios merece.

Aprovechándose del corazón envanecido y necio del hombre, Satanás ha convertido *La Navidad* en un evento con fiestas, borracheras, fuego de pólvora, luces, árboles de Navidad, regalos y Santa Claus, entre un fin de distracciones más. Todo con el fin de distraer la mente humana del verdadero propósito de este evento tan importante".[11] Evento que llamamos *La Navidad.*

Hemos, pues, llegado a "aquel tiempo del año en que la gente al parecer piensa acerca de Dios y de la buena voluntad más que cualquier otro

---

[10] P. D. Bramsen. *Un Dios un mensaje: Descubre el misterio, haz el vieje.* Trd. Carlos Tomás Knott. (Grand Rapids, Michigan. Editorial Portavoz, filial de Kregel Publications. 2011), 16.

[11] Juan Mast. *Un niño nos es nacido.* Artículo en La Antorcha de la Verdad: Revista bimestral. (Costa Rica, C.A. Publicadora la Merced. Noviembre-diciembre del 2022. Volumen 36, Número 6), 12.

tiempo. Parece que cuanto más nos acercamos a *La Navidad*, tanto más observamos que la gente está dispuesta a manifestar un interés en cuestiones religiosas. ... Pero ¿honra al Señor Jesucristo este aumento de actividad religiosa? Debemos de tener cuidado de que lo que sucede en nuestro tiempo no es diferente de lo que sucedía en otros años. Aunque se dedicaban a actividades religiosas, lo hacían sólo para complacerse a sí mismos. Faltaba un elemento vital: la obediencia a Dios. ... Nuestro Señor Jesús no quiere de nosotros actividades religiosas vacías, ni egocéntricas. Quiere el don de la obediencia expresada en actos de bondad y de ayuda para con los menos afortunados que nosotros".[12] Esta práctica es la verdadera celebración de *La Navidad*.

Lo que vas a leer en estos diez Estudios/Mensajes basados, especialmente, sobre las profecías de Isaías y del profeta Miqueas, no son mitos, aunque se habla de ellos; No son leyendas, aunque se hablan de ellas; No son necesariamente una tradición, aunque se usa como tal; No es necesariamente una fiesta, aunque no dejamos de celebrar el Nacimiento de Jesús. Lo que estás por comenzar a leer son los relatos históricos, son las narrativas de las tradiciones y, por supuesto que son los escritos inspirados por el

---

[12]   J. D. B. *El Don de la Obediencia.* (Nuestro Pan diario: Julio-agosto-septiembre-octubre-noviembre-diciembre. (Horeb en Viladecavalls (Barcelona), España Publicado por M. C. E. 1993). Devocional del día 15 de diciembre sobre Zacarias 7:7.

Espíritu Santo puestos a nuestra disposición en las páginas de la Escritura Sagrada (*La Biblia*) para que, no solamente celebremos el Natalicio de Jesús, sino mucho más para que, en estos Días Navideños, no sólo sean: *¡Felices Fiestas!*, dicho que se puesto de moda, sino que sea una Verdadera Adoración al Dios Todopoderoso que se humanó para redimirnos del pecado y darnos una vida abundante. Que sea una Celebración en la que con toda confianza histórica, teológica y bíblica podamos decir: *¡Feliz Navidad!*

Al que nació en Belén de Judea en tiempos del rey Herodes el Grande, ¡a Él sea la Gloria por Siempre!

Eleazar Barajas
La Habra, California.
Año post pandémico, 2023

"HA NACIDO UN NIÑO"

"Porque nos ha nacido un niño, se nos ha concedido un hijo; la soberanía reposará sobre sus hombros, y se le darán estos nombres: Consejero admirable, Dios fuerte, Padre eterno, Príncipe de paz".

Isaías 9:6, (NVI).

INTRODUCCIÓN.

Estaba estudiando para presentar mi examen de Psicología Infantil cuando mi suegra me interrumpió diciéndome: *Ya se le llegó el tiempo a Sara. La fuente se ha roto.* De inmediato dejé los libros, bajamos del tercer piso donde vivíamos. Esperamos por unos minutos el taxi que había solicitado para que nos llevara al Hospital. Fueron minutos de espera desesperante a la medianoche del 3 de julio de 1974. Para mí fue mucho tiempo. Los minutos pasaban y ... ¡Y el taxi no llegaba!

Un matrimonio nos vio parados en la banqueta de la Avenida Juárez en la ciudad de Puebla, Puebla, México y nos dijeron que si queríamos ayuda.

Estamos esperando un taxi para ir al hospital, mi esposa está por aliviarse, - fue mi respuesta-. Se ofrecieron llevarnos y con mucha amabilidad nos trasladaron de prisa al Hospital Latinoamericano.

Tres horas después, el Doctor Aurelio Mandujano, salió del quirófano. Se me acercó y me dijo: *¡Felicidades, usted es padre de un varoncito!* Le di las gracias al Doctor y después le di un fuerte abraso a mi suegra. ¡Estaba super feliz! En la primera oportunidad que tuve para ver a mi esposa Sara Perdomo, le di un fuerte abrazo y dos o tres besos al mismo tiempo que le di las gracias por hacerme papá.

¡Se imaginan el gozo que sintió José cuando le dijeron que había nacido Jesús! Aunque él ya sabía que tendría un varoncito, pues el Ángel del Señor se lo había dicho y aun ya sabía el nombre que llevaría su hijo.[13] El profeta Isaías había profetizado su nacimiento y el profeta Miqueas había profetizado el lugar del nacimiento.[14] Fue así como, el cumplimiento sucedió en Belén de Judea en tiempos del imperio romano tal y como se había profetizado el nacimiento de Jesucristo.

Ahora bien, de esta declaración: *"Ha nacido un niño, se nos ha concedido un hijo;"*[15] dicha por el

---

[13]   Mateo 1:19-21.

[14]   Miqueas 5:2.

[15]   Isaías 9:6.

profeta Isaías aproximadamente en el año 740 a.C., podemos aprender tres importantes lecciones:

I.- La profecía.

Como he dicho, la profecía en relación con el nacimiento del Señor Jesús dicha por el profeta Isaías aproximadamente en el año 740 a. C., dice: "Porque un niño nos es nacido, hijo nos es dado".[16] Una profecía con una base literaria histórica profética en el Antiguo Testamento. Es decir que: "En el canon hebreo el primero entre los Profetas Posteriores era el libro de Isaías. Recibe su nombre del mismo profeta".[17]

La profecía bíblica, como las otras profecías anunciadas por seres humanos, siempre han sido puestas en duda y analizadas y muchas de ellas olvidadas; han quedado en la historia de la literatura hasta que, en un momento dado llega su cumplimiento.

En cuanto a las profecías escritas en el libro de Isaías, "un autor judío del siglo dos d. C., Moses Ben Samuel Ibn Gekatilla, escribió un comentario sobre Isaías en que sostiene que las profecías de los

---

[16]   Isaías 9:6, (NVI).

[17]   Roland Kenneth Harrison. *Introducción al Antiguo Testamento. Volumen 3.* חישׁאָרֵב: *Los profetas mayores: Los profetas menores.* Trd. Pedro Vega. (Jenison, Michigan. The Evangelical Literature League. Copiado por William B. Eerdmans Publishing Company. 1993), 32.

primeros capítulos eran obra del mismo Isaías".[18] Dios inspiró al profeta Isaías para que escribiera la profecía del advenimiento del Mesías. Evento que hoy celebramos, con luces, colores, regalos, aplausos, abrazos, comidas y viajes. Pero que también la celebramos en este Santuario en el cual podemos decir con toda seguridad: *¡Feliz Navidad!* ¡Jesús, el Mesías de Dios ha nacido en cumplimiento de la profecía de Isaías!

El gran predicador Charles Spurgeon, comentando sobre Isaías 9:6, se preguntó: "¿Cómo es que el Señor Jesús se vuelve glorioso en nuestros ojos?;"[19] – de una forma poética se contesta así mismo, diciendo - "Y el cuyo nombre es Immanuel ahora está coronado en nuestro corazón con muchas coronas, y honrado con muchos títulos. ¡Qué lista de glorias tenemos aquí! Lo que hace una explosión de canción cuando cantamos del Mesías: 'Su nombre será llamado maravilloso, consejero, el Dios poderoso, el Padre Eterno, el Príncipe de la Paz'. Cada trabajo suena como una salvación de artillería".[20]

[18] Roland Kenneth Harrison. *Introducción al Antiguo Testamento. Volumen 3.* חישאךב: *Los profetas mayores: Los profetas menores.* Trd. Pedro Vega. (Jenison, Michigan. The Evangelical Literature League. Copiado por William B. Eerdmans Publishing Company. 1993), 32.

[19] BÍBLIA PLUS. *Comentarios Bíblicos: Comentario Bíblico de Spurgeon: Isaías 9:1-7.* (La Habra, California. Internet. Consultado el 11 de diciembre del 2021), ¿? https://www.bibliaplus.org/es/commentaries/9/comentario-biblico-de-spurgeon

[20] BÍBLIA PLUS. *Comentarios Bíblicos: Comentario Bíblico de Spurgeon: Isaías 9:1-7.* (La Habra, California. Internet. Consultado el 11 de diciembre del 2021), ¿? https://www.bibliaplus.org/es/commentaries/9/comentario-biblico-de-spurgeon

Y nosotros cantamos los villancicos navideños como *Noche de Paz, Ve dilo en las montañas, Al mundo paz nació Jesús, En Belén nació Jesús, En la noche los pastores velan, Pastores cerca de Belén, Se oye un son en alta esfera, En un pesebre yace un niñito, ángeles Cantando están, A medianoche resonó, Venid pastorcitos* y muchos otros más. Y terminamos diciendo: *¡Feliz Navidad!* ¿Por qué esta alegría? ¡Porque la profecía de Isaías 9:6 se cumplió al pie de la letra! Y por eso decimos: *¡Feliz Navidad!*

II.- La Historia.

El apóstol Pablo les dijo a los hermanos de la provincia de Galacia que: "cuando se cumplió el plazo, Dios envió a su Hijo, nacido de una mujer, nacido bajo la ley, para rescatar a los que estaban bajo la ley, a fin de que fuéramos adoptados como hijos".[21] ¡Y se llegó el tiempo! Jesús nación en Belén de Judea bajo el gobierno del Imperio Romano.

La Historia Universal dice que: "En el año 40 a.C., Herodes el Idumeo consiguió que el Senado Romano lo nombrara rey de Judea. ... - en poco tiempo – sus dominios abarcaron mucho más territorio, pues Roma le había otorgado nuevas posesiones: Samaria,

---

[21] Gálatas 4:4-5, (NVI).

Perea e Idumea. Se le llamaba Herodes el Grande".[22] Jesús nació bajo este tipo de gobierno.

Cuando Jesús nació, la familia de Herodes el Grande era la que gobernaba el territorio de Palestina y parte de Siria. Pues "al morir Herodes en el año 4 a.c., su reino fue dividido entre tres de sus hijos":[23] Arquelao, Herodes Antipas y Felipe.

El Evangelista Lucas dice que: "En el año quince del reinado de Tiberio César, Poncio Pilato gobernaba la provincia de Judea, Herodes era tetrarca en Galilea, su hermano Felipe en Iturea y Traconite, y Lisanias en Abilene; el sumo sacerdocio lo ejercían Anás y Caifás".[24] Durante este periodo los caminos, las comunicaciones, el comercio, la política y la literatura abundaron. Fue un tiempo en que estaba la *Pax Romana* juntamente con la *Lex Romana* la cual protegía a sus ciudadanos. Los historiadores del primer siglo de la Era Cristiana como el historiador judío Josefo y los historiadores romanos como Tácito y Suetonio, así como los más recientes como Kenneth Scott Latourette, Merrill C. Tenney, Merril F, Unguer, Justo González y otros más, dicen que no hubo mejor tiempo para que el

---

[22]   Pablo Hoff. *Se Hizo Hombre: La fascinante historia del Dios Hombre como se relata en los Evangelios sinópticos.* (Miami, Florida. USA. Editorial Vida. 1990), 20. Samuel Pérez Millos. *Comentario exegético al texto griego del Nuevo Testamento: Mateo.* (Viladecavalls (Barcelona), España. Editorial clie. 2009), 127.

[23]   Pablo Hoff. *Se Hizo Hombre: La fascinante historia del Dios Hombre como se relata en los Evangelios sinópticos.* (Miami, Florida. USA. Editorial Vida. 1990), 20-21.

[24]   Lucas 3:1-2, (NVI).

Evangelio se extendiera. Es decir que, de acuerdo con la Historia Universal y a la Literatura Bíblica, "no fue un accidente que Jesús naciera en el momento preciso, cuando las condiciones favorecían más la rápida divulgación del evangelio".[25]

Todo sucedió de acuerdo con el plan divino. Nada de lo que sucede está fuera del control de Dios mucho menos cuando se trata de cumplir con Su plan divino o Celestial. Ante Su soberanía toda política, todo reino, toda sociedad, toda historia y toda creencia están bajo su control. El Salmista David dijo que: "El Señor está en su santo templo. El Señor tiene su trono en el cielo, y con ojos bien abiertos vigila atentamente a los hombres. El Señor vigila a justos y a malvados".[26] Es decir que Dios "observa a cada uno de los seres humanos respecto a sus caminos, su vida de estudio, trabajo, hogar, relaciones humanas, vida ética y moral y vida espiritual. No pasa nada desapercibido de su mirada y penetra en el mismo pensamiento de los hombres que existen en todo el mundo para conocer sus pensamientos, planes mentales y malas intenciones".[27]

---

[25]   Pablo Hoff. *Se Hizo Hombre: La fascinante historia del Dios Hombre como se relata en los Evangelios sinópticos.* (Miami, Florida. USA. Editorial Vida. 1990), 25.

[26]   Salmos 11:4-5ª, (DHH).

[27]   Orel Ochoa. *No hay nada oculto para Dios.* (La Habra, California. Internet. Devocional publicado el 5 de julio del 2021. Consultado el 8 de diciembre del 2021), ¿? https://www.orelochoa.com/no-hay-nada-oculto-para-dios/

Pues, bien, volviendo a nuestro relato bíblico de la Navidad de Jesús. De alguna manera que no sabemos a ciencia cierta, el Señor motivó al Emperador Augusto Cesar para que se levantara un censo y que diera la orden de que todos tenían que ir a su pueblo o ciudad donde habían nacido para ser empadronados. Este primer censo se hizo cuando Cirenio era el Gobernador de Siria[28] "En aquel tiempo, Siria era una provincia romana a la cual pertenecía la tierra de Israel".[29]

Cuando hablamos de la historia, tenemos que incluir algo de la biografía de Jesús de Nazaret, pues no la sabemos toda. Y cuando llegamos a ella, nos encontramos con algo sorprendente, pues, "nadie sabe la fecha exacta del nacimiento de Jesús, no obstante, su nacimiento dividió toda la historia en A.C. y D.C. Él nunca, hasta donde sabemos, escribió un libro, y sin embargo más libros se han escrito acerca de Él que de cualquier otra persona. Él nunca pintó un cuadro, ni compuso poesía, ni música que estemos al tanto; no obstante, Él ha inspirado lo mejor en música – como los cantos navideños –, también ha inspirado en lo mejor del arte y la poesía que el mundo jamás haya conocido. Él nunca tuvo educación formal, sin embargo, se han fundado más

---

[28]   Lucas 2:1-5.

[29]   Nota de pie de página en la *Biblia de Estudio Esquematizada. RV, 1960.* (Brasil. Sociedades Bíblicas Unidas. 2010), 1491.

escuelas, universidades y seminarios en su nombre que en el nombre de cualquier otra persona que jamás haya vivido. Eso es el Señor Jesús, y ¡nunca ha vivido ningún otro como el Señor Jesucristo!"[30]

La Historia Bíblica nos cuenta que: "José, que vivían en el pequeño pueblo de Nazaret, en Galilea, tuvo que bajar a Belén de Judea, ya que pertenecía a la casa y familia del gran rey David. Viajaron – él y su esposa María - unos ciento veinte kilómetros, lo que significaba un viaje de tres días".[31] No nos olvidemos que María estaba por dar a luz. Así que el viaje debe de haber sido muy pesado para ambos. La pronta llegada del Mesías en la carne estaba muy cerca de su cumplimiento. ¡La Fiesta de *La Navidad* estaba por surgir en la historia!

Así que, si unimos la Historia Universal y el relato bíblico, nos damos cuenta de que "cuando se cumplió el plazo, Dios envió a su Hijo, nacido de una mujer – llamada María y -, nacido bajo la ley",[32] pues José y María eran judíos que vivían bajo la ley de Moisés. Es interesante hacer notar que "si en algo han estado de acuerdo las tradiciones católicas

---

[30] Adrián Rogers. *El amor que vale.* (La Habra, California. Internet. Comentario sobre Hebreos 1:10: ("Y: Tú, oh Señor, en el principio fundaste la tierra, y los cielos son obra de tus manos"). Escrito en Tesoros de la Palabra el día 20 de enero del 2023. Consultado el mismo día, mes y año), ¿? https://www.lightsource.com/devotionals/tesoros-de-la-palabra/tesoros-de-la-palabra-20-de-enero-23-11870810.html

[31] Pablo Hoff. *Se Hizo Hombre: La fascinante historia del Dios Hombre como se relata en los Evangelios sinópticos.* (Miami, Florida. USA. Editorial Vida. 1990), 54.

[32] Gálatas 4:4, (DHH),

y protestantes durante los siglos de mayor pugna …
entre ambas teologías, es sobre el nacimiento virginal
de nuestro Señor Jesucristo. La razón de ello es el
profundo respeto que desde su mismo principio
tuvo la teología protestante por el texto escrito de la
Sagrada Escritura".[33]

Es decir que, si la Biblia habla del nacimiento de
Jesús desde el vientre de una señorita llamada María
sin la intervención de una relación sexual con su
prometido José, entonces, fue un nacimiento virginal.
Un nacimiento virginal que cuando celebramos *La
Natividad* de Jesús, con suficiente apoyo bíblico,
tradición Cristiana y suficiente literatura, podemos
decir: *"Ha nacido un niño"*: Un niño que es Cristo
Jesús el Redentor del mundo.

El filósofo Justino Mártir que vivió en el siglo II
de la Era Cristiana y se convirtió al cristianismo en
el año 130 d.C., en una de sus más extensas apologías
o escritos de la religión, "en su capítulo 33, hace una
larga exposición del nacimiento sobrenatural de Jesús
inspirada en las narraciones de los evangelistas Lucas
y Mateo, y, comentando sobre el texto de Isaías 7:14,
formula el siguiente razonamiento: 'Porque lo que
los hombres pudieran tener por increíble e imposible
de suceder, esto mismo indicó Dios anticipadamente
por medio del espíritu profético, para que cuando

---

[33]   Samuel Vila. *Manual de Teología Apologética: Respuesta a los "supuestos"* … *de
las teorías modernistas.* (Terrassa (Barcelona), España. Editorial CLIE. 1990), 213

sucediera no se le negara la fe, sino justamente por haber sido predicho fuera creído".[34] Su comentario continua sobre la narrativa y concepto teológico de los relatos bíblicos en cuanto a la encarnación de Dios en Jesús el Cristo. El complemento de la exposición teológica de Justino Mártir, la veremos en el tema: *En Belén de Judea.*

Así que, además de que fue un nacimiento virginal, fue también un nacimiento que sucedió bajo la *Lex Romana* con apoyo literario extrabíblico y también bajo la Ley Mosaica o Plan Divino. El Hijo que nos fue dado nació bajo las dos leyes con el fin de darnos la libertad de los otros dos poderes llamados: Pecado y Satanás.

Con esta libertad es que podemos hoy decir: *¡Feliz Navidad!*

III.- LA ADORACIÓN.

El Evangelista Mateo nos asegura que "Jesús nació en Belén, un pueblo de la región de Judea, en el tiempo en que Herodes era rey del país – y en ese mismo tiempo -. Llegaron por entonces a Jerusalén unos sabios del Oriente que se dedicaban al estudio de las estrellas, y preguntaron: —¿Dónde está el

---

[34] Samuel Vila. *Manual de Teología Apologética: Respuesta a los "supuestos" ... de las teorías modernistas.* (Terrassa (Barcelona), España. Editorial CLIE. 1990), 215.

rey de los judíos que ha nacido? Pues vimos salir su estrella y hemos venido a adorarlo".[35]

Después de que hemos probado que el nacimiento de Jesús es un hecho cien por ciento histórico y bíblico, es justo que sigamos el ejemplo de algunos personajes del Nuevo Testamento, como los sabios del Oriente y que pensemos en adorar a Jesucristo. No sería una correcta y agradable Navidad, si no pensamos en que el niño de Belén de Judea debería ser adorado.

Jesús fue adorado en Belén de Judea. La Familia de José salió de Belén con rumbo directo a Jerusalén, tenían que cumplir con el rito de la circuncisión. Después de que Jesús fue circuncidado de acuerdo con la ley de Moisés, la Familia regresó a Nazaret. Y, "después, de cumplidos los cuarenta días de purificación, María viajó a Jerusalén acompañada por su esposo José y su hijo para entregar el dinero del rescate llamado redención del primogénito (véase Levítico 12:1-8 y Exodo 13:2, 12)".[36] Como buenos judíos tenían que cumplir con toda la Ley Mosaica. Allí, en Jerusalén recibió adoración por dos interesantes personajes. Ya había sido adorado por un grupo de hombres en Belén de Judea; aquellos humildes pastores, y ahora, en Jerusalén, son dos

---

[35]   Mateo 2:1-2, (DHH). Las **bolds** e *Itálicas* son mías.

[36]   Pablo Hoff. *Se Hizo Hombre: La fascinante historia del Dios Hombre como se relata en los Evangelios sinópticos*. (Miami, Florida. USA. Editorial Vida. 1990), 55.

personajes que lo adoran. Tiempo después, otro grupo de hombres gentiles también lo adoraron.

Así que les invito para que sigamos el ejemplo de los dos grupos de adoradores y de los dos personajes que adoraron al niño Jesús en sus primeros días y meses de vida y quizás, hasta sus primeros dos años de los que tenemos noticias bíblicamente.

A.- Los pastores de Belén.

Cuando Jesús nació en Belén de Judea esa misma noche había pastores en los campos cerca de Belén. Un coro de ángeles les dio la noticia de que Jesús, el Mesías de Dios, había nacido allí en su pueblo. Así es que: "Los primeros en oír la noticia del nacimiento del Mesías fueron unos pastores de ovejas, que en aquel tiempo eran despreciados y vistos como mendigos y hasta ladrones".[37] ¡Qué gran bendición para aquellos humildes pastores! Una gran enseñanza de que Dios no desprecia a los humildes, sino que los ama al igual que a los poderosos y arrogantes ricos y políticos de este mundo. Cuando el profeta Isaías habla de que Dios consuela a los humildes, dice: "Porque lo dice el excelso y sublime, el que vive para siempre, cuyo nombre es santo: 'Yo habito en un lugar santo y sublime, pero también con el contrito y humilde de

---

[37] Comentario en la *Biblia de Estudio Esquematizada*. RV, 1960. (Brasil. Sociedades Bíblicas Unidas. 2010), 1492.

espíritu, para reanimar el espíritu de los humildes y alentar el corazón de los quebrantados".[38]

En el Nuevo Testamento, el apóstol Pablo les dijo a los hermanos cristianos de la ciudad de Corinto: "Hermanos, consideren su propio llamamiento: No muchos de ustedes son sabios, según criterios meramente humanos; ni son muchos los poderosos ni muchos los de noble cuna. Pero Dios escogió lo insensato del mundo para avergonzar a los sabios, y escogió lo débil del mundo para avergonzar a los poderosos. También escogió Dios lo más bajo y despreciado, y lo que no es nada ...",[39] como lo eran los pastores de Belén de Judea, gente despreciada y sin valor alguno para la sociedad de su tiempo.

A estos, pues, escogió Dios para que fueran los primeros en recibir la noticia de la primera noche de *La Navidad*. Fue a los humildes pastores que: "De repente, apareció entre ellos un ángel del Señor, y el resplandor de la gloria del Señor los rodeó. Los pastores estaban aterrados, pero el ángel los tranquilizó. 'No tengan miedo—dijo—. Les traigo buenas noticias que darán gran alegría a toda la gente. ¡El Salvador—sí, el Mesías, el Señor—ha nacido hoy en Belén, la ciudad de David! Y lo reconocerán por la siguiente señal: encontrarán a un niño envuelto en tiras de tela, acostado en un pesebre'. De pronto, se

---

38 Isaías 57:15, (NVI).

39 I Corintios 1:26-28, (NVI).

unió a ese ángel una inmensa multitud—los ejércitos celestiales—que alababan a Dios y decían:

'Gloria a Dios en el cielo más alto
y paz en la tierra para aquellos en quienes
Dios se
complace'."[40]

Así que: "Cuando los ángeles regresaron al cielo, los pastores se dijeron unos a otros: '¡Vayamos a Belén! Veamos esto que ha sucedido y que el Señor nos anunció'. Fueron de prisa a la aldea y encontraron a María y a José. Y allí estaba el niño, acostado en el pesebre".[41]

¡Qué asombrosa noticia! Pues bien, con semejante noticia, de inmediato fueron al pesebre y encontraron al niño tal y como se les había anunciado. Lo adoraron y luego, "los pastores, ... regresaron dando gloria y alabanza a Dios por todo lo que habían visto y oído, pues todo sucedió como se les había dicho".[42]

Me supongo que salieron del pesebre gritando: *¡Feliz Navidad! ¡El Mesías a nacido!* Bueno esa es mi imaginación, la Biblia dice que salieron muy contentos dando gloria a Dios. ¿Cómo vas a salir de este santuario? ¿Enojado? ¿Con sueño? ¿Con

---

[40]   Lucas 2:9-14, (NTV).

[41]   Lucas 2:15-16, (NVI).

[42]   Lucas 2:20 (DHH).

hambre? Oh, vas a salir gritando: ¡Aleluya, *Feliz Navidad!?*

B.- Simeón, el anciano "justo y piadoso".

También el Evangelista Lucas dice que cuando Jesús fue llevado al templo para ser presentado como el hijo primogénito, un anciano, guiado por el Espíritu Santo llegó en ese momento al templo y al ver al niño Jesús lo adoró y le dio gracias a Dios por la bendición de poder ver al Mesías de Dios. Lucas dice que, a Simeón, el Espíritu Santo le había revelado "que no vería la muerte antes de ver al Ungido del Señor".[43] En el Templo, "Simeón tomó al niño en los brazos y con devota gratitud reconoció al objeto (sujeto) de su esperanza. ... El anciano predice que Jesús será el Salvador, tanto de los judíos como de los gentiles".[44] Una declaración que solo puede salir de la boca de uno que está siendo guiado por el Espíritu Santo. Simeón "era verdaderamente justo ... no buscaba la gracia para sí, sino para el pueblo. Por eso dice: 'Esperaba la consolación para Israel'."[45] Y por eso, al ver al Mesías de Dios, lo adoró. Su adoración es de gratitud solamente que, en lugar de

---

[43]   Lucas 2:26, (RV, 1960).

[44]   Pablo Hoff. *Se Hizo Hombre: La fascinante historia del Dios Hombre como se relata en los Evangelios sinópticos.* (Miami, Florida. USA. Editorial Vida. 1990), 56.

[45]   *Santo Tomás de Aquino. Cantena Aurea. Comentarios sobre el Evangelio: San Lucas. Comentario de San Ambrosio in Lucam, 1,2* (San Bernardino, California. Ivory Fall Books. 2016), 75

gritar: *¡Feliz Navidad!*, aunque estaba muy feliz, dijo que ya estaba listo para morir; su tiempo había llegado para encontrarse con Dios.

Aunque nos tomemos un poco más de espacio, pero es justo pensar en este tipo de adoración. Simeón ha visto y palpado, pues cargó en sus brazos a Jesús, fue el cumplimiento de una promesa que el Espíritu Santo le había hecho a este hombre justo. ¡Dios cumple sus promesas!

Comentando sobre esta adoración de Simeón, el prolifero escritor del siglo segundo de la Era Cristiana; Tomás de Aquino, que nació en Alejandría en el año 185 d.C., del cual "se piensa que fue el más talentoso de los padres de la iglesia anterior a Nicea",[46] dice: "Si solo con tocar la franja el vestido de Jesús quedó curada aquella mujer, ¿qué habremos de juzgar de Simeón, que recibió al niño en sus brazos, y se regocijaba teniéndolo así al que había venido a librar a los cautivos, sabiendo que nadie podría sacarlo de la prisión del cuerpo con la esperanza de la vida eterna, sino Aquel que tenía en sus brazos? Por eso se dice: 'Y bendijo a Dios diciendo: ahora, Señor, sacas en paz de este mundo a tu siervo'."[47]

---

[46] *Santo Tomás de Aquino*. Cantena Aurea. *Comentarios sobre el Evangelio: San Lucas. Comentario de origines in Lucam, 15* (San Bernardino, California. Ivory Fall Books. 2016), 76.

[47] *Santo Tomás de Aquino*. Cantena Aurea. *Comentarios sobre el Evangelio: San Lucas. Comentario de orígenes in Lucam, 15* (San Bernardino, California. Ivory Fall Books. 2016), 76.

¡Qué gran bendición! Dios es adorado porque sus promesas son sí y amen.[48]

Verdaderamente esta es una adoración sin igual y, sin embargo, creo que, en su interior, Simeón, pudo gritar: *¡Feliz Navidad!*

C.- Ana, la profetiza.

Ya había profetizado y adorado a Jesús el anciano Simeón, ahora le tocaba a una viuda. Su nombre fue Ana. Una mujer que esperaba "la redención de Jerusalén".[49] Ella fue la segunda testigo de que el niño Jesús era el Mesías de Dios prometido a la nación de Israel en el mismo lugar sagrado para los judíos: El Templo.

En cuanto Simeón termina de adorar al Mesías de Dios, "una piadosa profetiza se une a la pareja y pronuncia palabras similares de agradecimiento a Dios".[50] El Evangelista Lucas dice que "Ana se presentó en aquel mismo momento, y comenzó a dar gracias a Dios y a hablar del niño Jesús a todos los que esperaban la liberación de Jerusalén".[51]

"Aunque Lucas no consigna sus palabras exactas, su testimonio comunicaba a todos que Dios estaba

---

[48]   2 Corintios 1:20.

[49]   Lucas 1:38, (RV, 1960).

[50]   Pablo Hoff. *Se Hizo Hombre: La fascinante historia del Dios Hombre como se relata en los Evangelios sinópticos.* (Miami, Florida. USA. Editorial Vida. 1990), 56.

[51]   Lucas 2:38, (DHH).

haciendo algo especial con el niño Jesús. Los fieles escucharon su informe y participaron de la alabanza".[52] Me pregunto: ¿Gritaron en ese momento *¡Feliz Navidad!*? No lo creo, pero sí que fue un tiempo de alegría y de adoración al recién nacido.

Pensando en la adoración que le rindieron a Jesús en su primer año de vida estos dos ancianos: Simeón y Ana, notamos una clara aplicación teológica que dice así: "Ver a Jesús es ver la salvación de Dios. Ver a Jesús es ver la luz y la revelación de Dios. Lo que aquí dice Lucas – acerca de Simeón y Ana -, el Evangelio de Juan lo expresa con estas palabras: 'En el principio ya existía el Verbo, y el Verbo estaba con Dios, y el Verbo era Dios'. Ver a Jesús es ver a Dios y su camino revelado".[53]

Ver, de una manera figurada o representativa el pesebre de Belén de Judea en los días navideños nos lleva a pensar del gran amor de Dios por la humanidad; nos hace pensar seriamente que Dios cumple sus promesas y nos lleva a decir, y, tal vez gritar con fuerte emoción: *¡Feliz Navidad!*

---

[52] Darrell L. Bock. *Comentarios Bíblicos con Aplicación: Lucas. Del Texto bíblico a una aplicación contemporánea.* (Miami, Florida. Editorial Vida. 2011), 86.

[53] Darrell L. Bock. *Comentarios Bíblicos con Aplicación: Lucas. Del Texto bíblico a una aplicación contemporánea.* (Miami, Florida. Editorial Vida. 2011), 87.

D.- Los Sabios del Oriente.

La tradición nos ha enseñado que cuando Jesús nació lo visitaron tres reyes magos. Esta idea surge de los tres regalos que le hicieron al niño.[54] "La misma tradición atribuye los nombres de Melchor, Gaspar y Baltazar, que aparecen por primera vez en el s. VIII en obras de San Beda, y luego en el s. IX en el mosaico de Ravena".[55] Ahora bien, ¿Qué dice la historia y la Biblia sobre estos personajes? "El termino … magos es una palabra que aparece por primera vez en los escritos de Herodoto, para referirse a una tribu de los medos, que mostraba un interés y habilidad especial para el estudio de las estrellas. Posteriormente comenzó a usarse la palabra mago para referirse a los sacerdotes de Media y Persia".[56]

Así que, comencemos por decir que "que los magos no practicaban la magia; es probable que fueran astrólogos pertenecientes a una casta sacerdotal de Persia y Media. – luego, decimos que – la Biblia no dice que fueran reyes, ni precisa

---

[54]　Samuel Pérez Millos. *Comentario exegético al texto griego del Nuevo Testamento: Mateo.* (Viladecavalls (Barcelona), España. Editorial clie. 2009), 129.

[55]　Samuel Pérez Millos. *Comentario exegético al texto griego del Nuevo Testamento: Mateo.* (Viladecavalls (Barcelona), España. Editorial clie. 2009), 129.

[56]　Samuel Pérez Millos. *Comentario exegético al texto griego del Nuevo Testamento: Mateo.* (Viladecavalls (Barcelona), España. Editorial clie. 2009), 128. Michael.J. Wilkins. *Comentarios Bíblicos con Aplicación: Mateo. Del Texto bíblico a una aplicación contemporánea.* (Nashville, TN. Editorial Vida. 2016), 92.

cuantos eran",[57] Mateo dice que "llegaron a Jerusalén unos magos"[58] con un objetivo bien claro. Llegaron "diciendo: ¿Dónde está el rey de los judíos, que ha nacido? Porque su estrella hemos visto en el oriente, y venimos a adorarlo".[59]

Un claro propósito: ¡Adorarlo! Ellos no llegaron cantando la *Feliz Navidad* de José Feliciano ni llegaron con un grupo musical cantando los villancicos navideños, pero sí llegaron con regalos y con un corazón que rebozaba de alegría porque había nacido el rey de los judíos. "El viaje a Jerusalén fue una marcha de centenares de kilómetros – aproximadamente 1,500 kilómetros -, gran parte de la cual fue por ásperas montañas y áridos desiertos".[60] La ruta comercial de Babilonia discurría hacia el norte siguiendo el Éufrates, y después hacia el sur a lo largo del valle del Orontes, de Siria a Palestina".[61]

Notemos que la Biblia dice que los sabios llegaron, entraron a la casa en donde estaba Jesús,

---

[57] Pablo Hoff. *Se Hizo Hombre: La fascinante historia del Dios Hombre como se relata en los Evangelios sinópticos.* (Miami, Florida. USA. Editorial Vida. 1990), 57.

[58] Mateo 2:1, (RV, 1960).

[59] Mateo 2:2, (RV, 1960). *Samuel Pérez Millos. Comentario exegético al texto griego del Nuevo Testamento: Mateo.* (Viladecavalls (Barcelona), España. Editorial clie. 2009), 132.

[60] Pablo Hoff. *Se Hizo Hombre: La fascinante historia del Dios Hombre como se relata en los Evangelios sinópticos.* (Miami, Florida. USA. Editorial Vida. 1990), 57. Michael. J. Wilkins. *Comentarios Bíblicos con Aplicación: Mateo. Del Texto bíblico a una aplicación contemporánea.* (Nashville, TN. Editorial Vida. 2016), 93.

[61] Michael. J. Wilkins. *Comentarios Bíblicos con Aplicación: Mateo. Del Texto bíblico a una aplicación contemporánea.* (Nashville, TN. Editorial Vida. 2016), 93.

ya no en un pesebre sino en una casa, se arrodillaron, entregaron sus regalos y lo adoraron.[62] "Dios guarda en su secreto muchas cosas sobre los magos para hacer resaltar meridianamente el propósito de su viaje. Quienes fuesen y de donde viniesen tenía como propósito y meta *adorar al rey de los judíos*".[63]

Llegaron, pues hasta Belén, vieron al niño, le entregaron los regalos que habían traído y le adoraron. Tú y yo hoy llegamos a este santuario con regalos no para Jesús sino para nosotros; lo hacemos para recordar que Jesucristo es el mejor regalo de vida que hemos recibido. Y con un fuerte abrazo nos decimos: *¡Feliz Navidad!*

CONCLUSIÓN.

"Nos ha nacido un niño", dijo en forma enfática y en tiempo pasado el profeta Isaías. Un niño que fue acreditado por la Historia Universal como un bebé especial. Un niño que fue adorado por ser el Mesías de Dios prometido a la nación de Israel.

Cuando decimos: *"Nos ha nacido un niño"* es porque sabemos y creemos que aquel niño que nació en Belén de Judea ERA y ES el Salvador de la humanidad; Es Dios con nosotros, o como lo dijo el evangelista Mateo: "Emanuel, que traducido es:

---

[62]   Mateo 2:11.

[63]   Samuel Pérez Millos. *Comentario exegético al texto griego del Nuevo Testamento: Mateo*. (Viladecavalls (Barcelona), España. Editorial clie. 2009), 132.

Dios con nosotros".[64]Un Dios que fue adorado y reconocido como el Rey de Israel y el Salvador del mundo por un anciano, una anciana, por humildes pastores y por sabios reconocidos a nivel mundial. Según la Historia Universal, las tradiciones y los relatos bíblicos, no existe ninguna duda de que la profecía de Isaías que dice: *"Nos ha nacido un niño"*, se cumplió en el tiempo exacto profetizado y que ese niño era Dios mismo tomando forma humana.

Es decir que al decir: *"Nos ha nacido un niño"*, decimos que el niño del pesebre de Belén ERA y ES Emmanuel (Expresión que significa: *Dios con nosotros*). Un niño que fue enviado por Dios para que hoy disfrutemos de Su gracia y bondad al darnos la alegría de la salvación. Un niño que llegó a ser nuestro Sustituto al dejarse llevar, como adulto, a la cruz del Calvario para morir en nuestro lugar.

Así que cuando decimos: *Nos ha nacido un niño*, estamos proclamando una bendición por la cual hoy podemos decir a gran voz: *¡Feliz Navidad!*

---

[64]   Mateo 1:23b, (RV, 1960).

DIOS SE ENCARNÓ

*"... un niño nos es nacido, **hijo
nos es dado**, ... Entonces la
Palabra se hizo hombre y vino
a vivir entre nosotros, ...".*

Isaías 9:6, (RV, 1960), Juan 1:14,
(NTV).

INTRODUCCIÓN.

¡Maravilloso acto divino! ¿¡Maravilloso!? ¡Claro que sí! La Encarnación es uno de los estudios sobre una de las grandes maravillas del mundo religioso. Basta con salir un poco de nuestro medio ambiente y uno se dará cuenta de las maravillas de Dios en la naturaleza. Aquí en California tenemos las playas, los montes en Big Bear y sus alrededores, hermosos lugares en donde se pueden ver las maravillas de Dios.

Si pensamos a nivel mundial, podemos decir que, "cualquier viajero sabe y valora la suerte que tenemos de vivir en un mundo tan increíble como este, en el que la mayoría de los países tienen lugares tan impresionantes que bien podrían formar parte de cualquier listado de maravillas del mundo que debes ver una vez en la vida".[65]

Los llamados viajeros callejeros, hasta ahora, han seleccionado veinte lugares a los que nos invitan a conocer por lo menos una sola vez en la vida. La verdad es que estamos rodeados de las maravillas de Dios. Mientras caminaba por las sierras mexicanas fui testigo de las maravillas de las obras de Dios en esa zona mexicana. "Pese a eso, la mayor parte de las veces, nos centramos en las conocidas como Las Siete maravillas del mundo moderno: la Gran Muralla China, Petra en Jordania, Chichen Itza en México, el Coliseo romano en Italia, Machu Picchu en Perú, el Taj Mahal en India y el Cristo del Corcovado en Brasil; aunque como decimos, tenemos un mundo increíble".[66]

La Biblia también nos presenta una de las maravillas de Dios en el mundo de la religión o en el mundo espiritual. El evangelista Juan dijo que "el Verbo se hizo carne y habitó entre nosotros".[67] El

[65] Wikipedia, la Enciclopedia Libre. *Las 20 maravillas del mundo que debes ver una vez en la vida.* (La Habra, California. Internet. Consultado el 24 de noviembre del 2022), ¿? https://www.viajeroscallejeros.com/maravillas-del-mundo/#:~:text=Pese%20a%20eso%20la%20mayor%20parte%20de%20las,Brasil%3B%20aunque%20como%20decimos%2C%20tenemos%20un%20mundo%20incre%C3%ADble.

[66] Wikipedia, la Enciclopedia Libre. *Las 20 maravillas del mundo que debes ver una vez en la vida.* (La Habra, California. Internet. Consultado el 24 de noviembre del 2022), ¿? https://www.viajeroscallejeros.com/maravillas-del-mundo/#:~:text=Pese%20a%20eso%20la%20mayor%20parte%20de%20las,Brasil%3B%20aunque%20como%20decimos%2C%20tenemos%20un%20mundo%20incre%C3%ADble.

[67] Juan 1:14, (RV, 1960).

mensaje detrás de la Navidad es que, "Dios se hizo hombre. Para muchos, el escándalo es la afirmación de que hay un Dios en absoluto. Sin embargo, aún más asombroso, tanto en los tiempos de Juan como para nosotros hoy, es la afirmación sobre lo que este Dios *hizo*. Se hizo carne. Los teólogos lo llaman la encarnación".[68]

¡Esta es una de las grandes maravillas de Dios! Es una de las maravillas que todo ser humano debe de saber y entender antes de que pase a las otras dimensiones; la dimensión de la vida eterna con Jesucristo, el Verbo encarnado y la dimensión de la separación eterna de Dios.

Así que, ¿Qué debemos saber y entender acerca de la encarnación? Como mínimo, debemos de saber y entender estar tres verdades: Su historia, el porqué de la encarnación y el para qué Dios en Cristo se encarnó.

I.- LA HISTORIA DE LA ENCARNACIÓN.

Volvemos nuevamente a las fuentes de la historia, aunque, cuando hablamos de los ámbitos de la revelación general, es decir, la naturaleza, la historia y la constitución del ser humano, sabemos que, "en principio, la historia es menos accesible que la

---

[68] Sam Allberry. *Lo que Dios dice sobre nuestros cuerpos.* (Nashville, TN. B&H Publishing Group. 2022), 18.

naturaleza. – la razón es que – se debe consultar los informes históricos. Uno debe depender de materiales de segunda mano, de los informes y relatos de otros, o debe trabajar con su propia experiencia de la historia".[69] Cuando nosotros hablamos de la historia de la encarnación no dependemos de materiales de segunda mano sino de los relatos bíblicos escritos por aquellos que fueron testigos de los hechos. Son los hechos históricos de los testigos de aquellos que convivieron y caminaron por los senderos de la Palestina del siglo Primero de la Era Cristiana con el Verbo de Dios hecho carne.

La historia de la Encarnación de Dios en Cristo Jesús es una de las más sencillas en sus relatos literarios bíblicos, pero al mismo tiempo es una de las doctrinas más polémicas en la Historia de las Doctrinas. "El movimiento que comenzó en Palestina en torno a la persona de Jesús el galileo, no fue sino el cumplimiento de la esperanza mesiánica aguardada por los judíos en primer lugar, pero también por los gentiles.

Se pueden fechar las épocas, datar los acontecimientos sociales, poner un año más o menos acertado al nacimiento de Jesucristo, pero entendiendo esto, que el misterio de Cristo supera su manifestación terrenal, su *encarnación*, que al ser encarnación de Dios nos remite más allá del tiempo y

---

[69]   Millard Erickson. *Teología Sistemática. Colección Teología contemporánea*. Trd. Beatriz Fernández. (Viladecavalls (Barcelona), España. Editorial CLIE. 2008), 179.

de la historia, a la plenitud que informa nuestra razón de ser y da sentido a nuestra esperanza".[70]

En un resumen muy breve sobre los relatos antiguo-testamentarios sobre la futura Encarnación de Dios, el escritor P. D. Bramsen los resume en doce secciones literarias. Cuatro de ellas son: La más antigua, "la profecía a Abraham, 1900 a.c. El Mesías entraría en el mundo por medio del linaje familiar de Abraham e Isaac. (Génesis 12:2-3; 22:1-18. Cumplida: Mateo 1). Dos de las intermedias son la profecía de Miqueas. Profetizada alrededor del 700 a.c. Esta profecía dice que el Mesías nacería en Belén. (Miqueas 5:2. Cumplida: Lucas 2:1-20; Mateo 2:1:12). La otra es una de las profecías de Isaías. Profetizada alrededor del año 700 a. C. Esta profecía dice que el Mesías de Dios daría vista a los ciegos, haría oír a los sordos, haría andar a los cojos y anunciaría buenas nuevas a los pobres. (Isaías 35:5-6; 61:1. Cumplida: Lucas 7:22; Mateo 9: etc.). Y la más reciente del Antiguo Testamento es la profecía de Malaquías. Profetizada alrededor del año 400 a. C. Esta profecía dice que el Mesías tendría un precursor. (Malaquías 3:1; Isaías 40:3-11. Cumplida: Lucas 1:11-17; Mateo 3:1-12)".[71]

---

[70] Alfonso Ropero Berzosa. *La Vida del Cristiano Centrada en Cristo: La Gran Transformación.* (Viladecavalls, (Barcelona), España. Editorial CLIE. 2016), 17.

[71] P. D. Bramsen. *Un Dios un mensaje: Descubre el misterio, haz el vieje.* Trd. Carlos Tomás Knott. (Grand Rapids, Michigan. Editorial Portavoz, filial de Kregel Publications. 2011), 55.

Así que la historia de la Encarnación de Dios en Jesucristo está plasmada y certificada en los relatos de la Biblia desde que se anunció su venida a la tierra allá en Génesis cuando Dios le dijo a la serpiente (Satanás): "Pondré enemistad entre tú y la mujer, y entre tu simiente y la de ella; su simiente te aplastará la cabeza, pero tú le morderás el talón".[72] Hasta el cumplimiento de dicho evento por el mismo Dios Encarnado, tal y como lo dice el apóstol Pablo: "Pero cuando se cumplió el tiempo, Dios envió a su Hijo, que *nació de una mujer*, sometido a la ley de Moisés, para rescatarnos a los que estábamos bajo esa ley y concedernos gozar de los derechos de hijos de Dios".[73] Dios se encarnó para cumplir un propósito especifico: *"... rescatarnos a los que estábamos bajo esa ley y concedernos gozar de los derechos de hijos de Dios".* Es decir que vino para salvarnos del poder de Satanás y de nuestros pecados y darnos vida eterna con Dios. ¡Este es el propósito de *La Navidad*!

Aún en la historia de los documentos, la Encarnación es un dato histórico/verídico, pues aún "los más antiguos documentos cristianos proclaman de un modo clarísimo y enfático que Jesucristo era

---

[72]   Génesis 3:15, (NVI).

[73]   Gálatas 4:4, (DHH). La **bolds** e *itálicas* son mías.

Dios en forma humana".[74] Era Dios y sigue siendo el mismo Dios que había nacido de una mujer y, ¡de una mujer virgen! De acuerdo con los relatos de los evangelistas Mateo y lucas, Jesucristo nació de una señorita llamada María que vivía en Nazaret en la provincia de Galilea.

De esta manera, pues: "Al encarnarse Dios nos muestra que lo definitivo sobre el ser humano ha sido dicho. Nada se puede añadir, nada se puede quitar, Dios ama al hombre y lo quiere para sí hasta el punto de dar su vida por El. Esto es definitivo, final".[75] Esto es un gran misterio que la historia de la Biblia narra y que lo resumen en pocas palabras, diciendo: "No hay duda de que es grande el misterio de nuestra fe: *Él se manifestó como hombre;* fue vindicado por el Espíritu, visto por los ángeles, proclamado entre las naciones, creído en el mundo, recibido en la gloria".[76]

Otra Versión de este texto dice:

"Como todos han de confesar, grande es el secreto que Dios nos ha revelado en nuestra religión:
El Que fue manifestado en la carne;
El Que fue vindicado por el Espíritu;

---

[74] Samuel Vila. *Manual de Teología Apologética: Respuesta a los "supuestos" ... de las teorías modernistas.* (Terrassa (Barcelona), España. Editorial CLIE. 1990), 196.

[75] Alfonso Ropero Berzosa. *La Vida del Cristiano Centrada en Cristo: La Gran Transformación.* (Viladecavalls, (Barcelona), España. Editorial CLIE. 2016), 20.

[76] I Timoteo 3:16, (NVI). La **bolds** e *itálicas* son mías.

El Que fue visto por ángeles;
El Que ha sido predicado entre las naciones;
En el Que los hombres han creído en todo
el mundo;
El Que ha sido elevado a la gloria".[77]

Este es un hermoso canto que se entonaba en los cultos de la Iglesia Primitiva. "Es un himno de la iglesia Original - como dice William Barclay -. El interés de este pasaje consiste en que aquí tenemos un fragmento de uno de los himnos de la Iglesia Primitiva. Es la fe en Cristo puesta en poesía y en música, un himno con el que los creyentes cantaban su credo".[78] Un credo que afirmaba la encarnación de Dios por medio de la señorita María de Nazaret.

Es decir que es un himno en el cual se afirma que "Él se manifestó como hombre".[79] Oh, como dice la otra Versión: "El Que fue manifestado en la carne. – Es una declaración que – desde el mismo principio subraya la humanidad verdadera de Jesús".[80] Para la Iglesia Primitiva, el niño que nació en Belén de

---

[77]   William Barclay. *Comentario al Nuevo Testamento. Volumen 12: 1ra y 2da Timoteo; Tito; Filemón*. Trd. Alberto Araujo. (Terrassa (Barcelona), España. Editorial CLIE. 1995), 114.

[78]   William Barclay. *Comentario al Nuevo Testamento. Volumen 12: 1ra y 2da Timoteo; Tito; Filemón*. Trd. Alberto Araujo. (Terrassa (Barcelona), España. Editorial CLIE. 1995), 114.

[79]   I Timoteo 3:16b, (NVI).

[80]   William Barclay. *Comentario al Nuevo Testamento. Volumen 12: 1ra y 2da Timoteo; Tito; Filemón*. Trd. Alberto Araujo. (Terrassa (Barcelona), España. Editorial CLIE. 1995), 114.

Judea ES el mismo Dios que llamó a Abraham, a Jacob, a Isaac, a David y el mismo que comisionó a los profetas para que anunciaran que el Mesías de Dios llegaría a nacer de una virgen y que su lugar de nacimiento sería el pueblo o aldea de nombre Belén en el territorio de Judea.

La historia de la Biblia dice que la Encarnación de Dios en Jesucristo es verídica. Esto requiere una fe en lo imposible. No es nada fácil creer que una señorita quede embarazada sin la intervención sexual con un hombre. La encarnación de Dios fue algo imposible de creer, pero no por eso no le quita lo verídico.

¿Difícil de creer en un nacimiento virginal? ¡Sí, sí lo es! Aun el mismo José, el prometido de María, no creyó que el embarazo de su prometida fuera un milagro. Desde José hasta nuestros días esta doctrina es discutida. El escritor Herbert Vander Lugt dice que "un ministro le dijo que no podía creer que María era virgen cuando dio a luz a Jesús. -El ministro – dijo: 'En nuestra edad ilustrada, sabemos que un milagro como un nacimiento virginal es contrario al curso de la naturaleza'. -Lo que el ministro estaba haciendo era – echar a un lado el relato del evangelio como una imaginación de unos escritores que carecían de los conocimientos de la ciencia moderna".[81]

La encarnación de Dios en Jesucristo siempre ha sido y seguirá siendo un tema de discusión. Este es un tema probado por las historias, tanto la universal como la bíblica, pero, además, es un tema donde la fe hace lo imposible. La encarnación fue y es real. Y, como es algo real, entonces, podemos decir confiadamente: *¡Feliz Navidad!*

II.- ¿POR QUÉ DIOS SE ENCARNÓ?

Si volvemos a leer estos textos, "… un niño nos es nacido, hijo nos es dado, … Entonces la Palabra se hizo hombre y vino a vivir entre nosotros, …".[82] Nos damos cuenta de que esto es un: ¡Maravilloso acto divino! Esto es que, *El Natalicio* de Jesús en Belén en Judea, ¡no es ningún mito! ¡Dios se encarnó! El niño que nació de la joven María de Nazaret en un pesebre de Belén de Judea fue un acto histórico; tan real como fue nuestro nacimiento; nació del vientre de una mujer al igual que tú y yo, salvo que Jesús nació sin pecado.

---

[81]   Herbert Vander Lugt. *La fe y lo imposible.* (Nuestro Pan diario: Julio-agosto-septiembre-octubre-noviembre-diciembre. (Horeb en Viladecavalls (Barcelona), España Publicado por M. C. E. 1993). Devocional del día 29 de noviembre sobre Mateo 1:18:25.

[82]   Isaías 9:6, (RV, 1960), Juan 1:14, (NTV).

Recordemos que el evangelista Juan dijo que "el Verbo se hizo carne y habitó entre nosotros".[83] ¡Esta es una de las incontables o miles de maravillas de Dios! Al hacerse carne, puede que sea la mejor y la más especial de toda la obra de Dios - después de haber creado al ser humano-: Es la Obra salvífica. Es la Encarnación de sí mismo por amor a su creación favorita: La Humanidad. ¿Por qué, pues, Dios se hizo carne? "Dios 'se hizo carne y habitó entre nosotros' (Jn 1:14) para poder suplir nuestra más profunda necesidad – el perdón de los pecados. Esta noticia tan increíble merece nuestra más sublime alabanza".[84] Por esta causa, hoy que estamos celebrando *El Natalicio* de Jesucristo, le podemos decir: *¡Feliz Navidad!*

Con este pensamiento nos adentramos a la *Fiesta de Navidad*. Y, al hacerlo, encontramos que el mensaje detrás de *La Navidad* es que, ¡Dios se hizo hombre! ¡Esta es una de las grandes maravillas de Dios! Repito, este evento no es un mito; ¡es historia! ¡Es algo real! Es el incompresible evento en el que,

---

[83]   Jn. 1:14, (RV, 1960).

[84]   Henry G. Bosch. *Increíbles noticias*. (Nuestro Pan diario: Julio-agosto-septiembre-octubre-noviembre-diciembre. (Horeb en Viladecavalls (Barcelona), España Publicado por M. C. E. 1993). Devocional del día 20 de diciembre sobre Mateo 2:1-15 y con el énfasis en Mateo 1:21.

"el nacimiento de Jesús trajo al Dios infinito al alcance del hombre finito".[85]

Así que, sigamos dándole la respuesta a nuestra pregunta: ¿Por qué Dios se encarnó? Porque además de que lo hizo *"para poder suplir nuestra más profunda necesidad – el perdón de los pecados"*, además de ese propósito divino, de una manera muy breve decimos que Dios se encarnó porque quería habitar entre nosotros.

"Un día de invierno, un cristiano estaba caminando por la calle y se dio cuenta de que en el suelo había algo de grano. Una bandada de gorriones estaba dándose un festín no programado. Al dar el hombre un paso hacia los pájaros, estos se intranquilizaron. Otro paso, y su intranquilidad aumentó. Cuando ya estaba casi encima de ellos, emprendieron de repente el vuelo.

Durante un momento, el hombre se quedó allí reflexionando acerca de lo sucedido. ¿Por qué se habían lanzado aquellos gorriones a la huida? Él no tenía intención de hacerles daño. Pero entonces se dio cuenta de que era demasiado grande.

Otra cuestión le vino a la mente; ¿Cómo podría andar él entre aquellos pájaros sin asustarlos por su

---

[85]   Paul R. Van Gorder. *Se acercó.* (Nuestro Pan diario: Julio-agosto-septiembre-octubre-noviembre-diciembre. (Horeb en Viladecavalls (Barcelona), España Publicado por M. C. E. 1993). Devocional del día 24 de diciembre sobre Isaías 9:1-7.

tamaño? Sólo si le era posible hacerse gorrión y volar entre ellos.

Está clara la analogía espiritual. En los tiempos del Antiguo Testamento Dios se apareció a las personas de distintas maneras – a Abraham por medio de mensajeros angélicos, a Moisés en la sarza ardiente. Tuvieron miedo debido a la sublimidad de Dios. Pero siglos más tarde un ángel se les apareció a unos humildes pastores y les anuncio: 'Os ha nacido hoy, en la ciudad de David, un Salvador, que es Cristo el Señor' (Lc 2:11).

Sí, Dios se hizo hombre para que no temiésemos allegarnos a Dios".[86] Se hizo hombre para poder convivir con nosotros. Se encarnó para ser uno de nosotros en todos los aspectos humanos pero sin pecado. El autor de la Carta a los Hebreos dice que "Jesús, el Hijo de Dios, es nuestro gran Sumo sacerdote – un sacerdote que - puede compadecerse de nuestra debilidad, porque él también estuvo sometido a las mismas pruebas que nosotros; - era humano igual que nosotros- sólo que él jamás pecó".[87] Dios se encarnó porque quería ayudarnos de una manera más personal con nuestras debilidades.

---

[86] Paul R. Van Gorder. *Se acercó.* (Nuestro Pan diario: Julio-agosto-septiembre-octubre-noviembre-diciembre. (Horeb en Viladecavalls (Barcelona), España Publicado por M. C. E. 1993). Devocional del día 24 de diciembre sobre Isaías 9:1-7.

[87] Hebreos 4:14-15, (DHH).

El evangelista Juan dijo que "el Verbo se hizo
carne y habitó entre nosotros".[88] Esto es que, repito,
que el mensaje detrás de la Navidad es que Dios se
hizo carne. Los Teólogos lo llaman la Encarnación.
La Biblia, que apoya firmemente la Encarnación, la
llama Emmanuel (*Dios con nosotros*).[89]

En el Evangelio de Juan notamos que el escritor
no menciona *La Natividad* de Jesús. Lo que hace el
escritor es que "nos habla del Verbo que 'existía con
Dios desde la eternidad, y se hizo carne y habitó
entre nosotros'.

¿Cuándo y cómo se hizo carne para habitar entre
nosotros? ¿Fue en su bautismo como pretendían
los herejes docetistas? No; aquella experiencia del
salvador fue una declaración o revelación del cielo
acerca de su origen anterior; 'Este es mi Hijo', dijo
la voz celestial. No 'es hecho' o 'va a ser constituido'
hijo de Dios. Se hizo carne por un nacimiento
sobrenatural".[90]

La idea teísta sobre *La Navidad* se basa en los
relatos bíblicos. Ella, pues, la Biblia nos habla de
un Dios *del Aquí* y *del Ahora*; es decir, de un Dios
personal y al mismo tiempo un Dios Trino. Desde
la primera página de la Biblia, Dios habla en forma

---

[88]   Jn. 1:14, (RV, 1960).

[89]   Mat. 1:23, (RV. 1960).

[90]   Samuel Vila. *Manual de Teología Apologética: Respuesta a los "supuestos"* ... *de
las teorías modernistas.* (Terrassa (Barcelona), España. Editorial CLIE. 1990), 214.

plural. La Biblia dice que: "... Dios consideró que esto era bueno, y dijo: '*Hagamos* al ser humano a nuestra imagen y semejanza'. Cuando Adán y Eva pecaron, entonces, dijo Dios: "... El ser humano ha llegado a ser *como uno de nosotros*, pues tiene conocimiento del bien y del mal". Cuando los hombres se volvieron a multiplicar después del diluvio, comenzaron a construir una torre para tratar de llegar al cielo por sus propios esfuerzos. Cuando Dios vio este acto de esfuerzo humano, dijo: "Será mejor que *bajemos* a confundir su idioma, para que ya no se entiendan entre ellos mismos".[91]

"El profeta Isaías escribe que oyó la voz el Señor que decía: '... quien ira por *nosotros*? Y el mismo Isaías describe una escena de serafines que alababan a Dios como 'santo, santo, santo'. Esa triple alabanza la han interpretado los teólogos cristianos como una alusión a la Trinidad, nombre dado al dogma que reconoce a tres personas en la divinidad".[92] El Padre como el Creador, el Hijo como el Salvador y al Espíritu Santo como el Consolador y Santificador.

También en el Nuevo Testamento esta idea trinitaria la encontramos en los escritos de Pablo, de Pedro y en los mensajes del mismo Señor Jesucristo. Cuando el apóstol Pablo se despide de los hermanos de Corinto,

---

[91]   Génesis 1:24c, 25, (NVI). 3:22, (NVI); 11:7, (NVI). Las *bolds* e *itálicas* son mías.

[92]   Héctor Suarez Pereira. *Hechos innegables que inspiran certidumbre: Obra para revitalizar las raíces espirituales y producir abundante fruto en la vida de quienes la lean.* (Menlo Park, California. EE. UU. Publicado por Guiding Series Books.1990), 36

les dice: "Que la gracia del *Señor Jesucristo*, el amor de *Dios* y la comunión del *Espíritu Santo* sean con todos ustedes". El apóstol Pedro, al saludar a los hermanos dispersos, les dice: "Pedro, apóstol de Jesucristo, a los elegidos, extranjeros dispersos por el Ponto, Galacia, Capadocia, Asia y Bitinia, según la previsión de *Dios el Padre*, mediante la *obra santificadora del Espíritu*, para *obedecer a Jesucristo* y ser redimidos por su sangre: Que abunden en ustedes la gracia y la paz". Cuando Jesucristo se despidió de los discípulos, desde el monte de la despedida, les dijo: "Por tanto, vayan y hagan discípulos de todas las naciones, bautizándolos en el nombre del *Padre* y del *Hijo* y del *Espíritu Santo*".[93]

Aunque todo esto es un gran misterio, la Biblia nos asegura que Dios es un *Ser inmanente*; es decir, es un Dios que está *Aquí y Ahora*. Es un Dios que a la hora de su nacimiento en el pesebre de Belén de Judea también recibiría el nombre de *Emanuel*, nombre que significa: *Dios con nosotros*. ¡Dios siempre ha deseado estar con nosotros! ¡Dios siempre desea nuestra comunión con El! ¡Dios siempre deseaba recuperar la comunión con el ser humano que se perdió en el huerto del Edén!

Entonces, pues, ¿por qué Dios se encarnó? Se encarnó porque era la única manera de volver a tener

---

[93] 2 Corintios 13:14: I Pedro 1:1-2; Mateo 28:19, (todas las citas, NVI). Las **bolds** e *itálicas* son mías.

una comunión con los seres humanos. La Celebración de La Navidad nos recuerda que la Encarnación fue y es para restablecer el compañerismo con Dios. Dios se hizo hombre para tener comunión con el hombre. ¡Maravilloso! ¡Dios se encarnó! ¿difícil de explicar y comprender? ¡Sí!, ¡si lo es! Y, sin embargo, "es precisamente lo portentoso y difícil de explicar que resulta semejante hecho - Dios el Creador, haciéndose hombre, y, sobre todo, padeciendo y muriendo por los hombres – lo que trajo las sectas y las discusiones de los concilios llamados cristológicos; pero en todos ellos se trató de explicar lo que era ya creído desde el principio, aunque resultaba difícil razonarlo o comprenderlo".[94] Sí, la Doctrina de la Encarnación de Dios en Cristo Jesús es admirable pero muy complicada para razonarla.

Y, en otros casos, no aceptada tal y como se presenta en los relatos bíblicos. Por ejemplo, los antiguos gnósticos creían que uno de los eones[95] que participaban de la deidad se reveló contra el Ser

---

[94]   Samuel Vila. *Manual de Teología Apologética: Respuesta a los "supuestos" ... de las teorías modernistas.* (Terrassa (Barcelona), España. Editorial CLIE. 1990), 196-197

[95]   Significados. *Significado de Eón. Qué es Eón:* Como eón podemos denominar un periodo de tiempo de larga duración. Así, la geología considera el eón como una medida superior de tiempo, a partir de la cual pueden subdividirse los periodos geológicos y paleontológicos de la Tierra. Mientras que el gnosticismo sostiene que los eones son cada una de las diferentes emanaciones divinas que integran la plenitud de la divinidad suprema. *Eón en gnosticismo.* Para el gnosticismo, como eón se denominan las entidades divinas emanadas de la divinidad suprema. Para lo gnósticos, los eones eran intermediarios necesarios para relacionar el mundo material con la realidad espiritual. (La Habra, California. Internet. Consultado el 8 de marzo del 2023), ¿? https://www.significados.com/eon/

supremo y originó o creo su propio mundo. A esta divinidad rebelde le llamaban el demiurgo. Fue esta divinidad la que creo el mundo material y al hombre. Para algunos de los gnósticos, el demiurgo fue el Dios del Antiguo Testamento. Es decir, un Dios que tiene atrapadas las almas de los hombres en una materia que es mala, es decir, el ser humano.

"Para redimir al alma humana, encerrada en la materia, vino otro eón, fiel al Ser supremo, el eón es Cristo; este comunicó a las almas el conocimiento de su verdadero origen y les enseñó el modo de librarse de la materia, que es precisamente por el conocimiento superior, no por las buenas obras.

Este eón divino, el Cristo de la filosofía gnóstica, no tomó verdadero cuerpo, pues esto en su concepción es imposible, ya que la materia es esencialmente mala, además, y por eso mismo, no redime por medio del sacrificio de la cruz, sino enseñando el conocimiento verdadero con su ejemplo. Sin cuerpo verdadero, Cristo no podía sufrir ni, por tanto, merecer".[96] Y, por lo tanto, no hay razón de una *Fiesta Navideña*.

Y, sin embargo, la verdad detrás de la *Fiesta de Navidad* es que: "… un niño nos es nacido, hijo nos es dado, … Entonces la Palabra se hizo hombre y vino a vivir entre nosotros, …".[97] Llegó no solo para

---

[96]   San Ireneo de Lyon. *Contra los herejes.* (San Bernardino, California. USA. Ivory Falls Books. 2017), Breve biografía e introducción a la teología de San Ireneo. Sin número de página.

[97]   Isaías 9:6; Jn.1:14.

darnos conocimiento del Dios verdadero sino que, además, ¡vino para morir como todo un ser humano! Y, con esa muerte, salvarnos del poder de Satanás y del pecado aun sin que lleguemos a estudiar la Primaria o la Secundaria; Su salvación es para todos los que crean en su poder salvífico y lo acepten como el Señor de sus vidas. ¡No importa el conocimiento! Lo que importan es una decisión para ser salvos.

Entonces, pues, ¿por qué Dios se encarnó? El Señor Todopoderoso se Encarnó porque deseaba tener compañerismo con nosotros de la misma manera como la tuvo con Adán y Eva en el huerto del Edén y, de esa manera, redimirnos del poder del pecado. Por esta razón, hoy, con toda seguridad, podemos decir: *¡Feliz Navidad!*

III.- ¿PARA QUÉ DIOS SE ENCARNÓ?

Detrás del relato navideño se encuentra la idea de ser uno en verdad. Dios, para ser uno en verdad, "no era suficiente tener un cuerpo. Necesitaba ser uno de verdad".[98] Lo insólito de todo esto es que Dios deseaba convertirse en uno de nosotros. Dios deseaba ser uno de nosotros en toda la realidad de la naturaleza humana. Cuando los teólogos polemizan sobre la revelación especial dicen que parte de ella es

---

[98] Sam Allberry. *Lo que Dios dice sobre nuestros cuerpos.* (Nashville, TN. B&H Publishing Group. 2022), 19.

"antrópica, en el sentido de que a menudo toma formas
que pertenecen a la experiencia humana normal,
diaria. ... lo mismo sucede con la encarnación.
Cuando Dios apareció ante la humanidad se valió
de la modalidad de un ser humano normal".[99]

¿De qué estoy hablando? Estoy hablando de que
Dios deseaba ser uno de nosotros en toda la realidad
de la naturaleza humana: Esto es que deseaba sufrir
nuestros dolores y llevar nuestras enfermedades. Él
Sabía que era la única manera de identificarse al cien
por ciento con la humanidad perdida y lastimada por
el pecado.

Existe algo más sobre la respuesta a la pregunta:
¿Para qué Dios se encarnó? La respuesta es que
lo hizo para afirmar nuestra fe en Dios. Dios se
encarnó para que no creyéramos en toda clase de
espíritus como verdad de Dios sino en lo que Él ha
revelado. En especial la revelación especial que es
Cristo Jesús. Hablamos, pues de que: "La modalidad
más completa de la revelación es la encarnación. ...
como Dios no tiene forma humana, la humanidad
de Cristo debe representar una mediación de la
revelación divina. Esto no es decir que su humanidad
encubrió u oscureció la revelación. Más bien, era el
medio de expresar la revelación de la deidad".[100] La

---

[99]   Millard Erickson. Teología *Sistemática. Colección Teología contemporánea.* Trd.
Beatriz Fernández. (Viladecavalls (Barcelona), España. Editorial CLIE. 2008), 204-205.

[100]   Millard Erickson. *Teología Sistemática. Colección Teología contemporánea.* Trd.
Beatriz Fernández. (Viladecavalls (Barcelona), España. Editorial CLIE. 2008), 215.

encarnación de Dios en Jesucristo era y fue, pues, el medio por el cual Dios se identificó plenamente con su creación caída.

Esta modalidad de la revelación especial de Dios que llamamos encarnación, para algunos, les es molesta; para otros, un medio para convertirla en una herejía para sus propios intereses como lo ya mencionado en la filosofía de los gnósticos. El apóstol Juan nos advierte contra los falsos profetas diciendo: "Queridos hermanos, no crean a cualquiera que pretenda estar inspirado por el Espíritu, sino sométanlo a prueba para ver si es de Dios, porque han salido por el mundo muchos falsos profetas".[101] Algunos de estos conocidos herejes son: *Los docetas*, – herejes - atacados por Ignacio de Antioquía hacia el año 100 d.C. Fueron personas que negaban que Cristo fuera verdaderamente un ser humano. Es decir que negaban la Encarnación de Dios en Cristo Jesús. *Cerinto*, un adversario del apóstol Juan, el cual sostenía que Cristo, era un ser espiritual que había descendido sobre Jesús, el cual era un varón normal. Este acto se realizó después del bautismo de Jesús, y se había retirado de él antes de la crucifixión. En su teología no existía la Navidad, pero tampoco la Redención de parte de Dios sino sólo la muerte en la cruz de un judío llamado Jesús.

---

[101]   I Juan 4:1, (NVI).

Otros con un tono similar fueron los gnósticos del siglo II, que consideraban el mundo y la carne como un engaño. En el campo de la psicología, el filósofo René descartes dijo que "el cuerpo pasa a ser algo separado de la mente".[102] Es decir que, para él, los seres humanos somos dos tipos de sustancias: La divina y la materia; Es decir, la mente y el cuerpo. Si esto es así, entonces, Dios nos engañó al tomar la forma humana.

¿Será que también el mismo Cristo nos engañó cuando dijo: "El Padre y yo somos uno"?[103] ¿Nos engañó el apóstol Juan cuando dijo: "Todo espíritu que confiesa que Jesucristo ha venido en carne, es de Dios; y todo espíritu que no confiesa que Jesucristo ha venido en carne, no es de Dios; y este es el espíritu del anticristo, el cual vosotros habéis oído que viene, y que ahora ya está en el mundo"? [104]¿Es esta declaración un sutil engaño?

¡No, claro que no! ¡No existe tal cosa de un engaño! Dios le dio mucho valor al cuerpo de Jesucristo, pues lo resucitó y lo glorificó y lo sentó a su lado. La Encarnación de Dios en Cristo Jesús es una verdad bíblica y teológica. Por consiguiente, podemos decir confiadamente: *¡Feliz Navidad!*

---

[102] La Guía: Filosofía. *El Dualismo de Descartes.* (La Habra, California. Internet. Consultado el 25 de noviembre del 2022), ¿? https://filosofia.laguia2000.com/grandes-filosofos/el-dualismo-de-descartes

[103] Juan 10:30, (NVI).

[104] I Juan 4:2-3, (RV, 1960).

Un predicador de nombre Valentín y otros admitían que Jesús tuvo un cuerpo, pero algo celestial y etéreo; es decir, "algo intangible o poco definido. Algo sublime, sumamente delicado, liviano o que se parece al aire o una película delgada".[105] Por tanto, en la idea de Valentín, Jesús no nació de María, sino que su cuerpo aéreo pasó a través de su cuerpo virginal. Es decir que, no existió LA NATIVIDAD de Jesucristo. Ahora bien, si no existió, entonces, pues, porque el Evangelista Lucas dice:

> "Y sucedió que mientras estaban en Belén, le llegó a María el tiempo de dar a luz. Y allí nació su hijo primogénito, y lo envolvió en pañales y lo acostó en el establo, porque no había alojamiento para ellos en el mesón.
>
> Cerca de Belén había unos pastores que pasaban la noche en el campo cuidando sus ovejas. De pronto se les apareció un ángel del Señor, y la gloria del Señor brilló alrededor de ellos; y tuvieron mucho miedo. Pero el ángel les dijo: 'No tengan miedo, porque les traigo una buena noticia, que será motivo de gran alegría para todos: Hoy les ha nacido en el pueblo de David un salvador, que es el Mesías, el Señor. Como

---

[105] Lifeder. *Etéreo: significado, sinónimos, antónimos, uso.* (La Habra, California. Internet. Consultado el 8 de marzo del 2023), ¿? https://www.lifeder.com/etereo/

señal, encontrarán ustedes al niño envuelto en pañales y acostado en un establo'.

En aquel momento aparecieron, junto al ángel, muchos otros ángeles del cielo, que alababan a Dios y decían:

'¡Gloria a Dios en las alturas!

¡Paz en la tierra entre los hombres que gozan de su favor!

Cuando los ángeles se volvieron al cielo, los pastores comenzaron a decirse unos a otros:

—Vamos, pues, a Belén, a ver esto que ha sucedido y que el Señor nos ha anunciado.

Fueron de prisa y encontraron a María y a José, y al niño acostado en el establo. Cuando lo vieron, se pusieron a contar lo que el ángel les había dicho acerca del niño, y todos los que lo oyeron se admiraban de lo que decían los pastores. María guardaba todo esto en su corazón, y lo tenía muy presente. Los pastores, por su parte, regresaron dando gloria y alabanza a Dios por todo lo que habían visto y oído, pues todo sucedió como se les había dicho".[106]

¿Es esto un engaño? ¿Es este relato lucano un mito literario?

---

[106]   Lucas 2:6- 20, (DHH).

¡Ay, Valentín y tus seguidores! ¿Acaso no han leído la Biblia? ¿Acaso no han leído sobre el nacimiento de Jesús en los libros de historia? ¿La tradición Cristiana celebra algo mitológico en los inviernos? Y, supongamos que la han leído, ¿por qué no creen en la Encarnación del Eterno Dios? ¿Por qué no se gozan con nosotros y celebran *La Navidad* con un espíritu de adoración? Con tan sólo el relato de la visita de los ángeles a los pastores con ese glorioso y celestial mensaje del nacimiento del Mesías de Dios es, más que suficiente para decir: *¡Feliz Navidad!*

Estos herejes son denunciados en las cartas de Juan porque, con esas ideas antibíblicas, se decía que la apariencia de Jesús de humano era sólo eso, una apariencia, pero que en realidad nunca tuvo un cuerpo físico; es decir, un cuerpo material como el nuestro. Si esto fuera así, en estos días navideños estuviéramos festejando *una apariencia*, no un nacimiento real. Seriamos unos tontos e ignorantes diciéndole ¡Feliz Navidad a una apariencia no a una realidad! Estaríamos diciendo: ¡Felicidades Fantasma! ¿No es eso una locura?

Entonces, pues, en la teología de Cerinto, en *La Navidad*, Cristo no se encarnó y en la cruz, Cristo no murió por los pecados del mundo. Fue solamente el niño judío de nombre Jesús el que nació en Belén de Judea y fue el hombre llamado Jesús el que murió en la cruz del Calvario. Con esta clase de enseñanza la fe del cristiano es vana. Si la Encarnación es que Jesús tuvo un cuerpo, pero algo celestial y etéreo, entonces, la vida, muerte y resurrección de Cristo sería toda una mentira si Él no fuera un hombre; y nuestra Fe sería vana.[107] Además, nuestra relación con Dios no sería personal sino una relación espiritual y etérea. Esto es que, nuestra salvación también seria vana.

¿Qué dice la Biblia en cuanto a esta enseñanza de la Encarnación? Antes de que entremos al texto bíblico pensemos en lo que dice la Teología Cristiana en cuanto la Encarnación. "Según las Escrituras, ... creemos con firmeza que nuestro Señor Jesucristo es Hijo de Dios, en su forma divina igual al Padre e inferior al Padre en su forma de esclavo (Flp.2:6-7), siendo en esta forma no sólo inferior al Padre, sino también al Espíritu Santo, e incluso inferior a sí mismo, no inferior a lo que fue sino a lo que es porque al tomar forma de siervo no se despojó de su divinidad".[108] Por tal motivo, Jesús ES el Dios Hombre, no más uno que el otro. Más adelante notaremos con mayor exactitud esta idea teológica en base a otro de los nombres que le dio el profeta

---

[107] I Corintios 15:14

[108] San Agustín de Hipona. *La Trinidad*. (San Bernardino California. Ivory Falls Books. 2017), 29.

Isaías al niño que nació en un pesebre en Belén de judea, al decir que se llamaría: *Padre Eterno.*

Ahora, pensando en el texto bíblico, el apóstol Juan, en su primera carta comienza diciendo que él y sus colegas, los apóstoles, habían visto a Jesús, habían oído su mensaje y lo habían tocado, es decir que, lo conocían de cerca. ¡Nada etéreo! ¡Nada mitológico!

El apóstol Juan le dijo a su audiencia: "Les escribimos a ustedes acerca de aquello que ya existía desde el principio, de lo que hemos oído y de lo que hemos visto con nuestros propios ojos. Porque lo hemos visto y lo hemos tocado con nuestras manos. Se trata de la Palabra de vida. Esta vida se manifestó: nosotros la vimos y damos testimonio de ella, y les anunciamos a ustedes esta vida eterna, la cual estaba con el Padre y se nos ha manifestado. Les anunciamos, pues, lo que hemos visto y oído, para que ustedes estén unidos con nosotros, como nosotros estamos unidos con Dios el Padre y con su Hijo Jesucristo".[109]

CONCLUSIÓN.

Negar la Encarnación de Dios en Cristo Jesús es negar la Salvación del cuerpo. La Biblia afirma

---

[109] I Juan 1:1-3, (NVI).

que ¡Dios se encarnó! Y, por eso hoy podemos decir confiadamente: *¡Feliz Navidad!*

He comentado que la historia de la Encarnación de Dios en Cristo Jesús es una de las más sencillas en sus relatos literarios, pero al mismo tiempo es una de las doctrinas más polémicas en la Historia de las Doctrinas Cristianas. No por el hecho de ser polémica deja de ser una verdad bíblica y teológica: Dios se hizo humano y nació como ser humano en un establo de Belén de Judea.

La respuesta a la pregunta: ¿Por qué Dios se encarnó? La contestamos diciendo que se encarnó porque Dios quería ser uno con nosotros. Su amor por su creación humana, en cierto sentido, le obligó a tomar la forma humana para identificarse con nosotros.

Y, entonces, ¿para qué Dios se encarnó? Primeramente, para aumentar nuestra fe en el Señor. Una fe que nos puede librar de caer en la idolatría. Una fe para afirmar que debemos de creer sin titubeos que Dios hizo algo increíble. Y para eso es necesario una fe firme. Cristo, el Mesías de Dios, ¡Se despojó así mismo y se hizo esclavo de los esclavos! ¡Todo lo hizo por amor a ti y a mí!

La Encarnación fue con el fin último de llevar sobre sí todas las cargas, malestares y pecados sobre su persona y así, nosotros, esclavos del pecado y vendidos a la carne, pudiéramos ser libres de nuestros pecados y victoriosos sobre los deseos carnales. La Encarnación fue para Redimirnos. Y, ahora ya redimidos podemos decir con gran júbilo: *¡Feliz Navidad!*

JESUCRISTO, DIOS SOBERANO I

*Porque un niño nos es nacido, hijo nos es dado, **y el principado sobre su hombro**; y se llamará su nombre Admirable, Consejero, Dios Fuerte, Padre Eterno, Príncipe de Paz.*

Isaías 9:6, (NVI).

INTRODUCCIÓN.

El autor, compositor y traductor mexicano Vicente Mendoza, nacido el 24 de diciembre de 1875 en Guadalajara, México. Uno de los cincuenta y seis himnos que compuso con letra y música se titula: *Jesús es mi Rey Soberano*. La letra de la primera estrofa de este himno dice:

> "Jesús es mi Rey soberano,
> mi gozo es cantar su loor;
> Es Rey, y me ve cual hermano,
> es Rey, y me imparte su amor.
> Dejando su trono de gloria,

me vino a sacar de la escoria,
y yo soy feliz, y yo soy feliz por él".[110]

Este himno nació un día cuando estaba lloviendo con tanta fuerza que el hermano Vicente Mendoza no pudo salir a la calle para cumplir con sus obligaciones. Así que se sentó frente al piano y comenzó a tocar himnos y melodías, entre ellas la melodía de este famoso himno: Jesús es mi Rey Soberano, el cual lo terminó de escribir y ponerle música ese mismo día. Por la noche, él y su hija lo cantaron por primera vez.

Ravi Zacharias dice que su confianza en Jesucristo "sucedió en una cultura que es abrumadoramente hindú. – La India, un país – lleno de dioses; 300 millones de ellos, para ser exactos. Buscar al Dios verdadero en ese medio ambiente es casi imposible".[111] Y, sin embargo, Jesucristo es el Dios Soberano sobre todos esos millares de dioses.

Jesucristo, en Su Soberanía nos llena de bendiciones. El apóstol Pablo les dijo a los cristianos de Éfeso que Dios es bendito y que debemos de bendecirle por lo que El mismo es: ¡Bendito! Y, por lo tanto, nosotros debemos de decir: "Bendito sea el Dios y Padre de nuestro Señor Jesucristo, el cual nos

---

[110]   Vicente Mendoza. *Jesús es mi Rey Soberano.* (El Paso, Texas. Casa Bautista de Publicaciones.1986), Himnario Bautista. Himno # 47

[111]   Ravi Zacharias, y Kevin Johnson. *Jesús entre otros Dioses: La verdad absoluta del mensaje Cristiano: Edición para jóvenes.* (Sin país o ciudad de publicación. Ediciones Betania. Sin fecha de publicación), 5.

ha bendecido con toda bendición espiritual en los lugares celestiales en Cristo,".[112]

Johnson Oatman, en su himno titulado: *Cuando combatido por la adversidad*, canta diciendo:

"¡Bendiciones!, ¡cuántas tienes ya!
Bendiciones, Dios te manda más
Bendiciones, te sorprenderás
Cuando veas lo que Dios por ti hará".[113]

¿Cuántas bendiciones tienes de parte de Dios? No sé cuántas tienes y posiblemente ni tú sabes cuántas bendiciones de Dios has recibido. Lo que sí sé es que, Jesucristo, el Dios Soberano quiere seguir bendiciéndote. Así que, te invito para que, primeramente, veamos el:

I.- El sentido de bendición.

Cuarenta días después de que Jesús nació fue llevado al Templo para cumplir con el rito o ceremonia de la purificación. Jesús nació en un hogar en el que se guardaban las leyes del judaísmo. José y María observaron los rituales de la purificación tras el nacimiento de un hijo. Era la ceremonia de la

---

[112] Efesios 1:3.

[113] Johnson Oatman. *Cuando combatido por la adversidad.* Trd. anónimo. (La Habra, California. Internet. Consultado el 8 de marzo el 2023), ¿? https://hymnary.org/text/cuando_combatido_por_la_adversidad

purificación de la mujer después del nacimiento de su hijo.

En aquel día en que el bebé Jesús fue llevado al Templo, allí se encontraban dos personas que estaban llenos del Espíritu Santo: Ana, la anciana profetiza y el anciano Simeón, un hombre al cual Dios le había dicho que no moriría hasta después de ver al Ungido del Señor.

Aunque ya he comentado sobre estos dos personajes, se los recuerdo una vez más. A este venerable anciano se le reveló el sentido de la llegada de este niño.

Un sentido de bendición, pues sería la bendición no sólo de la nación de Israel sino de toda la humanidad, ya que el niño Jesús, nacido en Belén de Juda, ES el Salvador de todos los que creen en él como el Dios Soberano que puede rescatarlos de las garras del pecado y de Satanás. A este, pues, venerable anciano se le reveló el sentido de la llegada de este niño. Un sentido de bendición que nos bendice con el propósito de seamos bendecidos para bendecir.

Así que, en los tiempos navideños, no pensemos solo en decir: *¡Felices Fiestas!* Porque eso le quita el sentido de bendición a la tradición histórica y bíblica de la Navidad. Debemos decir, acertadamente: *¡Feliz Navidad!* ¡Eso es sentido de bendición!

II.- Bendecidos al entrar a la luz del Dios Soberano.

El salmista David, en su Salmo de confianza, le dijo a Dios: "Porque en ti está la fuente de la vida y en tu luz podemos ver la luz".[114] En el Nuevo Testamento notamos que tenemos bendición tras bendición en Cristo Jesús. Por ejemplo, Cuando los padres de Jesús entraron al Templo cargando en sus brazos al niño Jesús, Simeón tomó al niño en sus brazos y bendijo a Dios. En sus palabras de bendición hacia Dios, dijo que el niño Jesús sería luz para revelación a los gentiles. Es decir que, por el niño Jesús, los gentiles serían introducidos a la bendición.

El anciano Sumo sacerdote Simeón, también bendijo a José y a María en ese evento tan especial para la nación de Israel y en especial para los habitantes de la ciudad de Jerusalén. En esa bendición, existió una profecía no muy agradable para María. A ella, a María, la madre de Jesús le dijo: "Este niño está destinado a causar la caída y el levantamiento de muchos en Israel, y a crear mucha oposición, a fin de que se manifiesten las intenciones de muchos corazones. En cuanto a ti, una espada te atravesará el alma".[115]

---

[114] Salmo 36:9, (DHH).

[115] Lucas 2:34-35, (NVI).

Pero al mismo tiempo, el niño de Belén es gloria para Israel, porque por medio de él llevarían sus seguidores a cabo su ministerio al mundo. De esta manera, todos los ojos serán atraídos a Israel mediante los logros de Su Mesías. Y todos los creyentes seremos bendecidos en Cristo Jesús. Además de que nos alegramos celebrando la Navidad, además de eso, somos bendecidos al recordar el Natalicio de Nuestro Salvador Jesucristo. Por eso, si celebramos la Navidad pensando en este propósito divino, entonces, no existe una razón negativa para que en esta Fiesta Navideña, podamos decir con fuerte voz: *¡Feliz Navidad!*

Ciertamente, no todo sería un camino de rosas sin espinas. Las profecías, tanto de Isaías como de Simeón indican que no todo sería un camino de rosas; la vida del recién nacido sería una vida de controversias. No porque Jesús llegaría a ser un personaje controversial, sino porque la gente de su tiempo así lo creyó. Lo cierto en estas profecías es que, el dolor de la madre surgiría del intenso rechazo que experimentaría el niño Jesús en su adultez y en sus prioridades en el ministerio. Un ministerio en el que nada se podía hacer para evitarlo. El Dios Soberano se encarnó para cumplir con este ministerio Redentor/salvífico y nadie lo pudo hacer retroceder en Su propósito.

El Dios Soberano vino para bendecirnos. Esto es que, cuando celebramos el Natalicio del Mesías de Dios estamos entrando a un evento especial en el cual somos bendecidos al entrar a la luz del Dios Soberano. Esto es que, al aceptar que el niño nacido en Belén de Judea es el mismo Dios del Antiguo Testamento; el Dios de los patriarcas, de los profetas, de los historiadores y de los poetas, dejamos las tinieblas y entramos a la luz de su entendimiento y, entonces, ¡somos bendecidos! Y, al ser bendecidos, con toda confianza podemos decir: *¡Feliz Navidad!*

En Su Soberanía, el Dios que nació en el establo de Belén de Judea y que es el Todopoderoso Dios Creador y sustentador, a los que creemos en su nacimiento virginal y en el poder salvífico del Mesías Jesucristo, ¡nos llena de bendiciones! Es decir que Jesús vino al mundo naciendo en un pesebre en la aldea llamada Belén de Judea con el propósito de: ¡Bendecirnos!

Así que, con justa razón histórica, geográfica, bíblica y teológica, hoy podemos decir: *¡Feliz Navidad!*

III.- EN SU SOBERANÍA NOS BENDICE PORQUE SENCILLAMENTE ÉL QUIERE BENDECIRNOS.

El apóstol Pedro, en Su Primera Carta dice: "No devuelvan mal por mal ni insulto por insulto; más bien, bendigan, porque para esto fueron llamados, para heredar una bendición".[116] ¡Sí!, repito, Jesucristo, en Su Soberanía nos llena de bendiciones todo el tiempo. Las veinticuatro horas del día, los siete días de la semana, los doce meses del año y año con año, el Dios Soberano nos bendice. De principio a fin, toda la vida, Su bendición, es un continuo don de Dios. Nada merecemos. El nada nos debe. Sin embargo, nos lo da todo. En Su Soberanía nos bendice porque sencillamente Él quiere bendecirnos.

¿Se dan cuenta? ¡Dios quiere bendecirnos! ¿Y quién le dirá que no lo haga? El, de su propia voluntad programó su encarnación, escogió a las personas para llegar a este mundo en forma humana, preparó al mundo de su tiempo para que estuviera listo para su venida; la política y los medios geográficos favorecieron su venida a los humanos en forma muy humilde, y, también escogió el lugar para presentarse al mundo.

---

[116] Pedro 3:9, (NVI).

No fue nada fácil la decisión de tomar la forma humana. En Su Soberanía y en Su Omnisciencia sabía las duras consecuencias de su decisión. Parte de esas consecuencias se las dijo al pueblo por medio del profeta Isaías.[117] Pero aun así, en Su Soberanía decidió bendecirnos.

Si sabia todo lo que le esperaba al tomar la forma humana, ¿por qué lo hizo? Les repito la respuesta: ¡Porque deseaba bendecirnos! Esto es que, el niño que nació en Belén de Judea nos bendice porque sencillamente Él quiere bendecirnos. Posiblemente nuestros enemigos, los demonios le digan que no merecemos ser bendecidos, pero, aun así, Él es Soberano aun sobre los demonios y, ¡nos bendice!

Así que al ser bendecidos con su nacimiento en Belén de Judea y en el resto de su vida terrenal, creo que lo más lógico es decir con fuerte voz: *¡Feliz Navidad!*

CONCLUSIÓN.

El Dios Soberano se hizo carne y nació en Belén de judea; ¡Nació para bendecirnos! Pregunto, Jesucristo, el Dios Soberano, ¿no merece un fuerte amen por bendecirnos? ¡Sí, se lo merece! ¡Amen!!! ¿No merece que en estos días celebremos su nacimiento terrenal? ¡Por supuesto que se lo merece! Por esta causa es que

---

[117]   Isaías 52-53.

le decimos a nuestro Salvador y Señor Jesucristo: *¡Feliz Navidad!*

La celebración de la Navidad de Jesucristo tiene un sentido de bendición: ¡Es en sí ya una bendición! Cuando tenemos el conocimiento histórico, geográfico, bíblico y teológico de la celebración de la Navidad, somos bendecidos al entrar a la luz del Dios Soberano. Es decir, llegamos a conocer o a saber el porqué de la Celebración de *La Navidad*. Ya no estamos en tinieblas, ni estamos celebrando un mito navideño; conocemos el origen de su celebración; ya no decimos: *¡Felices Fiestas!,* sin saber el por qué lo decimos. Hoy sabemos que esa expresión es para hacer a un lado el verdadero significado de la Navidad de Jesucristo y convertir la Fiesta Navideña en una mera actividad social.

El Dios que todo lo puede, aun preparar todo el Programa Navideño, En Su Soberanía nos bendice porque sencillamente Él quiere bendecirnos. Y es en esa bendición del Soberano Dios que tomó la forma humana en Belén de Judea que hoy podemos decir con sumo gozo: *¡Feliz Navidad!*

JESUCRISTO, DIOS SOBERANO II

*Porque un niño nos es nacido, hijo nos es dado, y el principado sobre su hombro; y se llamará su nombre Admirable, Consejero, Dios Fuerte, Padre Eterno, Príncipe de Paz. Lo dilatado de su imperio y la paz no tendrán límite, **sobre el trono de David y sobre su reino, disponiéndolo y confirmándolo en juicio y en justicia desde ahora y para siempre**".*

Isaías 9:6-7, (NVI).

INTRODUCCIÓN.

Todos los que manejamos un automóvil hemos tenido la experiencia de que cuando nos subimos a otro auto y con otro chofer, tenemos la sensación de que la persona al volante no maneja bien. Decimos que maneja muy rápido o, que lo hace muy despacio. Que las vueltas las hace muy rápidas especialmente cuando da vuelta a la izquierda; que se pasa las luces amarillas; que enfrenada bruscamente y que cuando va manejando quita las manos del volante o los ojos del camino.

En otras palabras, ¡nadie maneja un automóvil mejor que nosotros mismos! ¿Por qué esta sensación? Porque estamos acostumbrados a llevar el control.

Ceder el control a otro es ponernos en sus manos. Y, eso, precisamente eso, es lo que no queremos. Nuestro YO interior nos hace ser desconfiados, egoístas y sobre todo conocedores de todo. En el caso de que estamos hablando, decimos: ¡Nadie maneja mejor que yo!

¿Alguna vez te has puesto a pensar el por qué no dejamos el control de nuestras vidas al que es Soberano? ¿Por qué no le dejamos el control de nuestros deseos al que tiene *"el principado sobre su hombro"*? Si el niño que nació en Belén de Judea es el Soberano, de acuerdo con la profecía de Isaías y a los otros relatos bíblicos, si realmente creemos esto, entonces pues, ¿debemos de confiar en El para el control de nuestras vidas? Y, si lo hacemos, ¿por qué lo debemos hacer? Creo que debemos hacerlo porque:

I.- El que nació en Belén de Judea tiene el control.

El proverbista hebreo dijo que: "El corazón del hombre planea su camino; más Jehová endereza sus pasos".[118] El mismo proverbista dijo: "Podemos hacer nuestros propios planes, pero la respuesta correcta viene del Señor. La gente puede considerarse pura según su propia opinión, pero el Señor examina sus intenciones".[119] Es decir que: "El hombre propone y Dios dispone".[120] El proverbista llega, pues a la conclusión de que Dios es Soberano. Queramos o no, y, nos asegura que, ¡el Soberano Dios tiene el control!

¿Temor a morir? ¡Sí!, eso es parte de nuestra naturaleza. El temor causa la preocupación de la muerte. Martin Ralph DeHaan II dijo: "Me sonreía mientras un amigo me contaba su experiencia en un taxi en Nueva York. El conductor que no conocía muy bien el inglés parecía muy decidido a mostrar su habilidad y osadía para resolver los problemas plantados por el tráfico de la gran ciudad. Fue a la carrera por calles atestadas, haciendo bruscos virajes, casi rosando los otros autos, y haciendo bruscos frenazos. Mi amigo estaba seguro de que

---

[118]   Proverbios 16:9, (RV, 1960).

[119]   Proverbios 16:1-2, (NTV).

[120]   Proverbios 16:1, (NVI).

el viaje iba a terminar en el cementerio. Se sentía frustrado y atemorizado porque no estaba al control, y tenía la sensación de que su vida estaba en malas manos".[121]

Temor para morir si yo no tengo el control. Es muy cierto que la desconfianza en ciertas ocasiones nos libra de la muerte, aunque en otras circunstancias nos provoca la muerte. En este caso del que estamos hablando, cuando no depositamos nuestras vidas en el Soberano que se tomó el tiempo para llegar a este mundo y nacer en un pesebre en la aldea de Belén de Judea, estamos en camino a la muerte.

Recordemos que el que nació en Belén de Judea, en cierta ocasión dijo: "yo he venido para que tengan vida, y para que la tengan en abundancia".[122] Pero la seguridad de la vida abundante es solamente si dejamos que el que nació en Belén de Judea en un establo, sea el que tenga el control de nuestras vidas.

---

[121]   Martin Ralph DeHaan II. ¿Quién está al control? (Nuestro Pan diario: Julio-agosto-septiembre-octubre-noviembre-diciembre. (Horeb en Viladecavalls (Barcelona), España Publicado por M. C. E. 1993). Devocional el día 9 de noviembre sobre Proverbios 16:1-9.

[122]   Juan 10:10, (DHH).

II.- EL QUE NACIÓ EN BELÉN DE JUDEA QUITA LA DUDA SOBRE LA SOBERANÍA DIVINA.

La creencia cristiana es que "Dios gobierna, sobre todo. Cuando la vida se siente fuera de control, puede ser reconfortante recordar que nunca estamos fuera de la vista de nuestro Creador, y que Él nunca pierde el control".[123] Cuando Jesucristo les dijo a sus discípulos que no tuvieran temor o que no dudaran de su Poder Salvífico, se los dijo con una ilustración sobre la Soberanía de Dios en la vida de los gorriones. Les dijo: "¿No se venden dos gorriones por una monedita? Sin embargo, ni uno de ellos caerá a tierra sin que lo permita el Padre; y él les tiene contados a ustedes aun los cabellos de la cabeza. Así que no tengan miedo; ustedes valen más que muchos gorriones".[124] ¡Esta es Soberanía Divina!

Y, sin embargo, aunque sabemos que Dios nunca pierde el control, aun así, los seres humanos dudamos de esa Soberanía. Una prueba de lo que he comentado es saber que hoy día algunos no pueden o no quieren decir: *¡Feliz Navidad!* ¿La razón? Tienen dudas en

---

[123] Crossway. *Dios gobierna sobre todo.* (La Habra, California. Internet. Consultado el 28 de enero del 2023), ¿? https://teologiasana.com/2021/10/27/10-versiculos-sobre-la-soberania-de-dios/#:~:text=10%20vers%C3%ADculos%20sobre%20la%20soberan%C3%ADa%20de%20Dios%201,...%208%208%29%20Lamentaciones%203%3A37-39%20...%20More%20items

[124] Mateo 10:29-31, (NVI).

cuanto a si el Dios Todopoderoso, el *Shadday* del Antiguo Testamento, en realidad es el mismo que nació de la señorita María de Nazaret en un pueblo llamado Belén de Judea. Como yo no tengo ninguna duda de este tipo de nacimiento, puede decirle a mi Salvador y Señor Jesucristo confiadamente: Señor Jesús, *¡Feliz Navidad!*

Comentando sobre el Premodernismo, el teólogo Millar Erickson dijo que "el punto de vista premoderno era teleológico.[125] – Es decir que -. Se creía que había un propósito en el universo. Toda la creación, incluidos los seres humanos, existían porque había un propósito que su existencia cumplía. En la tradición religiosa occidental se creía que Dios tenía unos propósitos con la creación y con nosotros y todo lo demás éramos medios para cumplir esos fines. Tenía que haber una razón para las cosas, y estas no se aplicaban únicamente con un "porque" (causas eficientes), sino con un "para que" o "a fin de que" (causas finales)".[126]

¿Cuál sería una de las *causas finales* por las cuales el Soberano Dios dejó su lugar de privilegio en las

---

[125] Wikipedia, La Enciclopedia Libre. *teleológico*. La teleología (del griego τέλος, fin, y λογία, discurso, tratado o ciencia)1 es la rama de la metafísica que se refiere al estudio de los fines o propósitos de algún objeto o algún ser, o bien literalmente, a la doctrina filosófica de las causas finales. Usos más recientes lo definen simplemente como la atribución de una finalidad, u objetivo, a procesos concretos. (La Habra, California. Internet. Consultado el 28 de enero del 2023), ¿? https://es.wikipedia.org/wiki/Teleolog%C3%ADa

[126] Millard Erickson. *Teología Sistemática. Colección Teología contemporánea*. Trd. Beatriz Fernández. (Viladecavalls (Barcelona), España. Editorial CLIE. 2008), 160

Mansiones Celestiales para venir a nacer como todo un ser humano en el sucio pesebre de Belén de Judea? Un propósito bien definido fue la *Redención* de la humanidad; Dios deseaba y aun lo desea, volver a tener la misma o mejor comunión con el ser humano, como la que tuvo en el Edén antes de la entrada del pecado en el corazón de la primera pareja humana. El Soberano Dios, aquel "hijo que nos fue dado; en el cual el gobierno descansaría sobre sus hombros",[127] de acuerdo con la profecía de Isaías, Él sería y ES el Redentor de la humanidad. Él es Aquel Sustituto, el que nació en Belén de Judea *"a fin de que"* el ser humano sea libre de la maldición del pecado.

Y, sin embargo, la duda siempre ha existido. Es parte natural de nosotros los seres caídos en la maldad. Fue sembrada en el corazón de Eva por el mismo Satanás en el huerto del Edén con aquella expresión que al enemigo le ha funcionado en toda la historia de la raza humana: "—*¿Es verdad que Dios les dijo* que no comieran de ningún árbol del jardín? ... —*¡No es cierto, no van a morir!* Dios sabe muy bien que, cuando coman de ese árbol, se les abrirán los ojos y llegarán a ser como Dios, conocedores del bien y del mal".[128] Y, desde entonces, somos seres dudosos.

---

[127]   Isaías 9:6, (parafraseado por Eleazar Barajas).

[128]   Génesis 3:1, 4-5, (NVI). Las **bolds** e *itálicas* son mías.

Repito, la duda es algo natural en el ser humano. Se nos ha implantado. Así que, dudamos por naturaleza. Es por causa de la duda que, no solamente dudamos de la Soberanía de Dios sino de otras muchas cosas. ¡Siempre queremos tener el control! Dice Martin Ralph DeHaan II: "Pensando en la experiencia de mi amigo – el que se subió a un taxi en Nueva York -, me recordaba de la tendencia humana de querer estar en control. Nos sentimos nerviosos siempre que sentimos que el control de nuestras vidas está fuera de nuestras manos".[129]

Este tipo de nerviosismo probablemente es el que sintió el filósofo René Descartes al centrarse en la razón y la certeza de las cosas, entre ellas las cosas metafísicas. "Matemático como lo era, Descartes buscó en la filosofía la misma certeza que se podía encontrar en las matemáticas. Decidió dudar de todo lo que podía. Sin embargo, descubrió una cosa de la que no podía dudar, su propia capacidad de dudar. Por lo tanto, tenía un punto fuerte desde el cual proceder para intentar deducir otras creencias".[130] Es aquí, en este pensamiento de René Descartes que nos preguntamos: ¿En verdad Dios es Soberano? Y

---

[129]   Martin Ralph DeHaan II. *¿Quién está al control?* (Nuestro Pan diario: Julio-agosto-septiembre-octubre-noviembre-diciembre. (Horeb en Viladecavalls (Barcelona), España Publicado por M. C. E. 1993). Devocional el día 9 de noviembre sobre Proverbios 16:1-9.

[130]   Millard Erickson. *Teología Sistemática. Colección Teología contemporánea.* Trd. Beatriz Fernández. (Viladecavalls (Barcelona), España. Editorial CLIE. 2008), 161

si lo es, ¿lo es también el niño que nació en Belén de Judea?

En el caso que estamos tratando, nos preguntamos: ¿Es cierto que el niño que nació en el pesebre de Belén de Judea es el *Shadday* (יְנַדָּא) "*el Dios Todopoderoso*" que se le apareció a Abram para asegurarle la alianza que había hecho con él? ¿Podemos asegurar que el niño que nació en tiempos del Rey Herodes en Belén de Judea es el *Adonay* (יְנַדָּא) que le prometió a Abram mucha descendencia? ¿Podemos decir acertadamente que el niño que nació en Belén de Judea es el *Elohim* (מִיהֹלֶא) Creador de "la tierra y los cielos"?[131] ¿Podemos decir que el niño de Belén de Judea es el mismo del cual los hijos de Coré dijeron que; "Dios era su amparo y fortaleza, y que era su pronto auxilio en las tribulaciones"? ¿Es el mismo que Moisés dijo que "había sido su refugio de generación en generación"?[132] Y, las respuestas a estas preguntas son: ¡Sí! El niño del cual el profeta Isaías ha dicho que *"el principado sobre su hombro"* lo llevaría para mostrar Su Soberanía, es el mismo Dios que se presentó en el Antiguo Testamento. ¡Él es el Dios Soberano! ¡Él es el Dios Redentor!

La duda sobre la Soberanía Divina es algo natural en nosotros los seres humanos. Pero esta duda no quita la veracidad de que, "como seguidores de

---

[131] Génesis 17:1; 16:4; 2:4.

[132] Salmos 46:1; 90:1. (Trasliterados por Eleazar Barajas).

Cristo sabemos que debemos de cederle el control de nuestras vidas. Podemos hacerlo sin temor, al recordar que Él nunca será insensato en la manera de dirigirnos. Debemos aprender a relajarnos en Él y creer que Él puede hacer frente a todo lo que permita que nos venga a nuestras vidas".[133] Esto nos llevaría a creer y decir con toda seguridad que el niño nacido en Belén de Judea es el Dios Soberano. De esto no hay duda.

¡Y se hizo hombre! ¡Aleluya! No dudes en celebrar la Navidad y decir sin ninguna duda: *¡Feliz Navidad!*

III.- El que nació en Belén de Judea deshace La incertidumbre de si en verdad él sabe lo que hace.

De las pruebas y tentaciones nadie está exento. Y son dentro de las pruebas y las tentaciones que viene la incertidumbre de si en verdad Dios sabe lo que está haciendo o lo que está sucediendo. ¿En realidad sabía lo que le esperaba al tomar la forma humana? ¡Sí, si lo sabía! En Dios no existe la ignorancia ni la duda. "Cuando el cristiano pasa por pruebas y tentaciones, necesita volverse a Dios, que es generoso

---

[133] Martin Ralph DeHaan II. *¿Quién está al control?* (Nuestro Pan diario: Julio-agosto-septiembre-octubre-noviembre-diciembre. (Horeb en Viladecavalls (Barcelona), España Publicado por M. C. E. 1993). Devocional el día 9 de noviembre sobre Proverbios 16:1-9.

(Sgo 1:5) y que es de quien recibimos toda buena dadiva (Sgo.1:17). Sobre todo, el cristiano debe de pedir sabiduría".[134]

La sabiduría de Dios en los cristianos contrarresta la incertidumbre. Por esta causa, el apóstol Santiago les dijo a todos los cristianos que: "Si a alguno de ustedes le falta sabiduría, pídasela a Dios, y él se la dará, pues Dios da a todos generosamente sin menospreciar a nadie. Pero que pida con fe, sin dudar, porque quien duda es como las olas del mar, agitadas y llevadas de un lado a otro por el viento".[135] La incertidumbre de si en verdad él sabe lo que hace, es combatida con la sabiduría de Dios. La incertidumbre lleva nuestros sentimiento y pensamientos de un lado para otro sin garantizar seguridad. En cambio, la sabiduría de Dios nos centra en la Soberanía de Dios y allí, estamos seguros. En esa seguridad podemos celebrar la Navidad y decir: *¡Feliz Navidad!*

La incertidumbre es la hermana gemela de la duda. En algunas ocasiones "la incertidumbre proviene de la falta o escasez de conocimientos. La duda, de la escasez o insuficiencia de las razones o pruebas en las que se funda una opinión o un hecho".[136] Por esta causa, algunos no celebran la Navidad. Cuando

---

[134]   Comentario en la *Biblia de Estudio esquemática. RV, 1960* (Brasil. Sociedades Bíblicas Unidas. 2010), 1848.

[135]   Santiago 1:5-6, (NVI).

[136]   José Joaquín de Mora. *definición de incertidumbre.* (La Habra, California. Internet. Consultado el 7 d enero del 2023), ¿? https://es.thefreedictionary.com/incertidumbre

los persas conquistaron Babilonia, Daniel, uno de los judíos que había sido llevado a esa gran ciudad por el rey Nabucodonosor fue nombrado, por Darío, el nuevo rey en Babilonia, jefe de los ciento veinte sátrapas que Darío había puesto para que gobernaran en todo el reino.

Entre los sátrapas surgieron los celos a causa del puesto que a Daniel se le había concedido y, con un edicto real que ellos hicieron y que casi obligaron al rey Darío que lo firmara y sellara, pensaron destituir a Daniel de su cargo.

El edicto real decía que durante treinta días nadie debería de adorar o hacer petición a otro dios u hombre fuera del rey. La persona que violara el edicto real sería echada en la fosa de los leones. [137]

En el caso de Daniel, no hubo incertidumbre, él sabía que el edicto había sido firmado y, aun así, fue a su casa y abiertas las ventanas se puso de rodillas y oró tres veces al día como era su costumbre. La incertidumbre de si en verdad él sabe lo que hace, no estaba en la mente de Daniel. Para él, Dios sabía lo que hacía. Para Daniel, su Dios era Soberano y sabía lo que estaba sucediendo y podía cambiar las cosas. Es decir que, Daniel, se depositó en la Soberanía de Dios.

Pues bien, Daniel fue acusado de rebeldía y violador del edicto real. El rey Darío trato en vano

---

[137] Daniel 6:6-7.

de salvarlo de ser arrojado a la fosa en donde estaba los leones. Pero, Daniel, aquella noche durmió con los leones.

Por la mañana, el rey Darío se levantó temprano y fue al foso de los leones. "Ya cerca, lleno de ansiedad gritó: —Daniel, siervo del Dios viviente, ¿pudo tu Dios, a quien sirves continuamente, salvarte de los leones? —¡Que viva el rey por siempre! —contestó Daniel—. Mi Dios envió a su ángel, quien cerró la boca a los leones. No me han hecho ningún daño, porque Dios bien sabe que soy inocente. ¡Tampoco he cometido nada malo contra Su Majestad!"[138]

El rey se alegró, pero al mismo tiempo hizo dos cosas: La primera fue que mandó que todos los que habían acusado a Daniel de haberse rebelado contra el rey, ellos y sus familias; esposas e hijos, fueran arrojados a los leones. Aun no caían al suelo y los leones les quebraron sus huesos. La narrativa bíblica dice que: "¡No habían tocado el suelo cuando ya los leones habían caído sobre ellos y les habían triturado los huesos!"[139]

La segunda cosa que hizo el rey fue dar la orden por escrita de que todos adoraran al Dios de Daniel. El escrito decía:

---

[138] Daniel 6:20-22, (NVI).
[139] Daniel 6:24, (NVI).

"¡Paz y prosperidad!

He decretado que en todo lugar de mi reino la gente adore y honre al Dios de Daniel. Porque él es el Dios vivo, y permanece para siempre. *Su reino jamás será destruido, y su dominio jamás tendrá fin.* Él rescata y salva; hace señales y maravillas en los cielos y en la tierra.
¡Ha salvado a Daniel de las garras de los leones!"

Daniel 6:25-27, (NVI). Las bolds e itálicas son mías.

Cuando el rey Darío dijo que: "*Su reino jamás será destruido, y su dominio jamás tendrá fin*", de una manera profética estaba anunciando el tipo de reinado que el niño de Belén de Judea ejercería. Darío, aunque no era un profeta, predijo la Soberanía sobre un reino fuerte y eterno que, sería aplicada por aquel que una noche fría entraba al mundo de los humanos encarnándose en el vientre de la joven María y naciendo en un sucio pesebre en la aldea de Belén de Judea.

Repito: ¡La incertidumbre de si en verdad él sabe lo que hace, no estaba en la mente de Daniel! ¡Daniel confiaba en la soberanía de Dios! También el escritor Martin Ralph DeHaan II confiaba en Dios, por eso afirmó, diciendo: "Mi fututo desconocido está a salvo en las manos de mi Dios, que todo lo conoce".[140]

Mucho antes de que Jesús naciera en Belén de Judea, el profeta Isaías anunció que Jesús sería Dios soberano. Así que, en cumplimiento de la profecía de Isaías, el Dios Soberano, Jesucristo, vino para cumplir las profecías mesiánicas anunciadas en el Antiguo Testamento. "La mayoría de los documentos legales requieren una firma oficial. Las Escrituras del Antiguo y del Nuevo Testamento, que profesan ser el registro y el pacto autorizado de Dios, son firmadas, no con una pluma, sino con una firma de trazo distintivo que se llama la profecía cumplida".[141]

En el libro del profeta Isaías encontramos esta declaración: "Así dice el Señor, el Señor Todopoderoso, rey y redentor de Israel: 'Yo soy el primero y el último; fuera de mí no hay otro dios'."[142] En el Nuevo Testamento, Jesucristo, el que nació en Belén de Judea, dijo: "—Yo soy el camino, la verdad y la vida. ... Nadie llega al Padre sino por mí".[143] Esto no significa que Jesucristo sea el único Dios que existe con un mensaje redentor. Existen

---

[140]   Martin Ralph DeHaan II. *¿Quién está al control?* (Nuestro Pan diario: Julio-agosto-septiembre-octubre-noviembre-diciembre. (Horeb en Viladecavalls (Barcelona), España Publicado por M. C. E. 1993). Devocional el día 9 de noviembre sobre Proverbios 16:1-9.

[141]   P. D. Bramsen. *Un Dios un Mensaje: Descubre el misterio, haz el viaje.* (Grand Rapids, Michigan. Editorial Portavoz. 2011), 49.

[142]   Isaías 44_6, (NVI).

[143]   Juan 14:6, (NVI).

muchos dioses y, cada uno tiene un mensaje redentor o alentador para la humanidad. Lo que leemos en Isaías cuando Dios dijo: "Yo soy el primero y el último; fuera de mí no hay otro dios", es exactamente lo que Jesucristo dijo en el Nuevo Testamento al decir que él era el Camino, la verdad y la vida y que, por lo tanto, él ERA y ES el UNICO Redentor. Porque nadie puede llegar a la presencia de Dios si no está en Cristo.

De que existen otros dioses y religiones, esto es muy cierto. Por ejemplo, "la *Osford University Press* ha publicado una enciclopedia identificando más de mil religiones en el mundo. Y esto no incluye los miles de sectas y denominaciones halladas dentro de esas religiones".[144] Aun el mismo Jesucristo profetizó el aumento de dioses que tratarían de imitar a Cristo. Por eso advirtió diciendo: "—Tengan cuidado de que nadie los engañe. Porque vendrán muchos haciéndose pasar por mí. Dirán: 'Yo soy el Mesías (*El Cristo*)', y engañarán a mucha gente".[145] Son personas que, con sus enseñanzas lo que hacen es implantar la incertidumbre sobre lo que dice la Biblia sobre la Soberanía de Dios. ¡Cuidado!

El Dios Soberano, es el mismo que se encarnó y que entró a este mundo en forma humana en el

---

[144]   P. D. Bramsen. *Un Dios un Mensaje: Descubre el misterio, haz el viaje.* (Grand Rapids, Michigan. Editorial Portavoz. 2011), 5.

[145]   Mateo 24:4-5, (NVI).

pesebre de Belén de Judea en cumplimiento de las profecías bíblicas. El Soberano Dios que quita la incertidumbre es Jesús de Nazaret, el que nació en Belén de Judea: ¡Él es el UNICO Redentor! Es el Soberano que cambia la incertidumbre de si en verdad él sabe lo que hace a una seguridad de que el Jesucristo, el Dios Soberano, Es el Dios que, ¡sabe lo que hace! Y por esa causa, hoy nosotros decimos: *¡Feliz Navidad!*

IV.- El que nació en Belén de Judea es El Gran "Yo Soy".

Cuando Dios comisionó a Moisés para regresar a Egipto y sacar al pueblo de Israel de la esclavitud impuesta por el faraón Ramsés II, Moisés le dijo a Dios: "—Si voy a los israelitas y les digo: 'El Dios de sus antepasados me ha enviado a ustedes', ellos me preguntarán: '¿Y cuál es el nombre de ese Dios?'. Entonces, ¿qué les responderé? Dios le contestó a Moisés: —*Yo Soy* el que Soy. Dile esto al pueblo de Israel: '*Yo Soy* me ha enviado a ustedes'."[146] Así que, "en este encuentro dramático con el Dios de los patriarcas (Hechos 7.30-34), Moisés recibe la orden

---

[146] Exodo 3:13-14, (NVI). Las **bolds** e *itálicas* son mías.

de volver a Egipto, para liberar al pueblo de Israel de la esclavitud y llevarlos a la tierra prometida".[147]

En esa comisión, Dios desea que Su pueblo Israel le llegue a conocer por dos de sus magníficos nombres. Y, Moisés, sería el portador de esos nombres. *El primer "nombre* que denota lo que Dios es en sí mismo (Exodo 3:14): YO SOY EL QUE SOY. Este es el equivalente de Jehová o Yahveh, y significa:

(A) *Yo soy el inefable.* Conocer el nombre es, en la mentalidad semítica, sinónimo de poseer o dominar la cosa o la persona nombrada. Pero Dios no se deja dominar ni manipular; es infinitamente libre y soberano.

(B) *Yo soy el que existe por sí mismo*; tiene en sí la razón y fuente de su propio ser, y no depende de ningún modo de ningún otro ser. Existiendo por sí mismo es autosuficiente; más aún, Todosuficiente; la fuente inexhausta de todo ser y de toda felicidad.

(C) Yo soy eterno e inmutable. Como no puede cambiar, es siempre de fiar, porque no puede volverse atrás. Él es el de siempre".[148]

---

[147]   Comentario en la *Biblia de Estudio Esquematizada. RV, 1960.* (Brasil. Sociedades Bíblicas Unidas. 2010), 101.

[148]   Matthew Henry. Pentateuco: *Comentario exegético devocional a toda la Biblia.* Trd. Francisco Lacueva. (Terrassa, (Barcelona), España. Editorial CLIE. 1983), 300-301.

Dios desea, pues que, Israel se dé por enterado de que quien es exactamente su Dios. ¡Es el YO SOY EL QUE SOY!

El segundo nombre con el cual Dios deseaba ser conocido por Su pueblo Israel es el nombre que denota lo que él es para su pueblo: El *Dios de vuestros padres ... me ha enviado a vosotros* (Ex.3:15). Así se había dado a conocer a Moisés (Ex.3:6) y así debería él dar a conocer el nombre de Dios al pueblo. - Dios usó este nombre: -

(A) Para hacer revivir entre ellos la religión de sus padres.

(B) Para que pudieran tener segura esperanza en la rápida realización de las promesas hechas a sus padres.

Es decir que Dios deseaba que este fuera Su nombre para siempre; así ha sido, es y será su nombre, por el que sus adoradores le conocen y le distinguen de todos los dioses falsos (I Reyes 18:36)".[149]

---

[149] Matthew Henry. *Pentateuco: Comentario exegético devocional a toda la Biblia.* Trd. Francisco Lacueva. (Terrassa, (Barcelona), España. Editorial CLIE. 1983), 301.

A.- ¿Es Jesús, el niño de Belén, el Gran *"Yo Soy"* (ἐγώ εἰμί)?

La industria del cine es una fuente de pecaminosidad. Allí se producen los héroes "que muestran egoísmo, inmoralidad, perversión, lenguaje sucio, violencia, venganza y engaño. ¿Por qué los guionistas dotan intencionalmente con características pecaminosas a 'los buenos' de sus películas? ¿Por qué no hacer películas que retratan a un 'héroe' justo, benigno, desinteresado, perdonador y honesto?"[150] Y las respuestas son porque la raza humana está infectada por el pecado y, una película como se sugiere en la segunda pregunta sería un fracaso económico; poca gente la vería en las salas de los cines y, en la Televisión habría algo mejor para ver.

En los tiempos el Antiguo Testamento no era diferente, en cuanto al pecado, de lo que es hoy día: ¡La gente pecaba y sigue pecando! La humanidad es esclava del pecado. Esta es la razón por la cual Dios hizo los planes para liberar a la raza humana de la esta terrible esclavitud. Dentro de sus planes incluyó a un personaje que estuviese libre de ese poder maligno; que fuera una persona libre para que pudiera liberar. Ese personaje fue Jesucristo. Nació

---

150 P. D. Bramsen. *Un Dios un Mensaje: Descubre el misterio, haz el viaje.* (Grand Rapids, Michigan. Editorial Portavoz. 2011), 170.

en Belén de Judea de una madre esclava del pecado, pero, aun así, nació sin pecado.

Así pues, "la vida de Jesús marca un poderoso contraste con las culturas dominadas por el pecado de este mundo. Él es la única persona impecable que jamás ha nacido. Él '*fue tentado en todo según nuestra semejanza*, pero *sin pecado*' (Hebreos 4:15). Ningún pensamiento impuro pasó jamás por su mente. Ninguna palabra cruel tomó jamás forma en sus labios. Creciendo con sus medios hermanos y hermanas en un hogar pobre en Nazaret, Jesús obedecía de manera natural los Diez Mandamientos y todas las demás leyes de Dios – por fuera y por dentro. Aunque Jesús tenía un cuerpo fisco como el nuestro, El no tenía nuestra naturaleza torcida e inclinada al pecado".[151]

En esas condiciones humanas, Jesús se presentó a sus paisanos y le dijo: *Yo Soy* (ἐγώ εἰμί). El que había nacido en un pesebre de la aldea llamada Belén de Judea y que había vivido en un pueblo casi desconocido en la provincia de Galilea llamado Nazaret,[152] Se presentó ante el pueblo judío con el título: "*Yo Soy*".

---

[151]   P. D. Bramsen. *Un Dios un Mensaje: Descubre el misterio, haz el viaje.* (Grand Rapids, Michigan. Editorial Portavoz. 2011), 171

[152]   FAQs. *¿Cómo era Nazaret en los días de Jesús?* Nazaret se encontraba en una pequeña cuenca rodeada de colinas y no era muy accesible. tenía un suministro de agua de lo que hoy se llama el Pozo de María, y hay evidencia de alguna agricultura limitada en terrazas, así como campos de pasto. (La habrá, California. Internet. Consultado el 13 de marzo del 2023), ¿? https://solofaq.com/puede-salir-algo-bueno-de-nazaret/#:~:text=%C2%BFPuede%20algo%20salir%20de%20Nazaret%3F%20Jes%C3%BAs%20vio%20a,la%20tierra%2C%20nada%20bueno%20puede%20salir%20de%20eso.

Cuando Jesús comenzó a llamar a sus apóstoles, uno de ellos, Felipe de Betsaida, "buscó a Natanael y le dijo: —Hemos encontrado a Jesús de Nazaret, el hijo de José, aquel de quien escribió Moisés en la ley, y de quien escribieron los profetas. —¡De Nazaret! —replicó Natanael—. ¿Acaso de allí puede salir algo bueno?"[153] ¡Pues, sí! Desde allí salió Jesús para enseñar y predicar Su Evangelio. Desde salió para presentarse a sus contemporáneos como el Rabí de Nazaret, pero más allá de ese trasfondo geográfico, se presentó con el trasfondo eterno al decir: *"Yo Soy"*.

Es decir que Jesucristo desea que Su Nombre Jesús, sea Su nombre para siempre; así ha sido, es y será su nombre, por el que sus adoradores le conocen y le distinguen de todos los dioses falsos. Matthew Henry citó a I Reyes 18:36) para hacer referencia a Jehová, el Dios de los antepasados o de los padres de la nación de Israel, en el caso de Jesús, él dijo que: "Y todo lo que ustedes pidan en *mi nombre*, yo lo haré, para que por el Hijo se muestre la gloria del Padre. Yo haré cualquier cosa *que en mi nombre ustedes me pidan*".[154] Y al cerrarse el Evangelio de Juan, el apóstol dejó claro que: "Jesús hizo muchas otras señales milagrosas delante de sus discípulos, las cuales no están escritas en este libro. Pero éstas se han escrito para que ustedes crean que *Jesús es el*

---

153   Juan 1:45-46, (NVI).

154   Juan 10:14, (DHH. Las **bolds** e *itálicas* son mías

Mesías, el Hijo de Dios, - Es decir, el *"Yo Soy"* del Antiguo Testamento - y para que creyendo tengan vida por medio de él".[155]

De acuerdo con los relatos bíblicos y la teología cristiana del Antiguo Testamento y el Nuevo, no existe duda de que el niño que nació en Belén de Judea ES el mismo *"Yo Soy"* que comisionó a Moisés para liberar al pueblo de Israel de la esclavitud de Egipto. Y, por esta razón bíblica y teológica hoy podemos decir y afirmar esta verdad con estas dos palabras: *¡Feliz Navidad!*

B.- El Número siete es un número especial en las Escrituras.

Por si acaso existe alguna duda, pensemos un poco más sobre el *"Yo Soy"* en la persona del niño que nació en Belén de Judea en tiempos del rey Herodes el Grande. Comencemos primeramente con asegurar con la literatura bíblica que Jesucristo afirmó ser el *"Yo Soy"*; el ἐγώ εἰμί, del Nuevo Testamento. Lo hizo anunciando siete veces esta expresión durante su ministerio terrenal. El apóstol Juan fue el encargado de recopilar esta expresión en Su Evangelio.

Así que, las Siete expresiones de Jesús: *"Yo Soy"*, en el Evangelio de Juan, son:

---

[155] Juan 14::13-14, (DHH). Las **bolds** e *itálicas* son mías

"1.- *El Pan de Vida*.

'Jesús les dijo: *Yo soy* el pan de vida; el que a mí viene, nunca tendrá hambre; y el que en mí cree, no tendrá sed jamás' (Juan 6:35).

2.- La Luz Del Mundo.

Otra vez Jesús les habló, diciendo: *Yo soy* la luz del mundo; el que me sigue, no andará en tinieblas, sino que tendrá la luz de la vida (Juan 8:12).

3.- La Puerta.

"*Yo soy* la puerta; el que por mí entrare, será salvo; y entrará, y saldrá, y hallará pastos" (Juan 10:9).

4.- El Buen Pastor.

"*Yo soy* el buen pastor; el buen pastor su vida da por las ovejas" (Juan 10:11).

5.- *La Resurrección Y La Vida*.

"Le dijo Jesús: *Yo soy* la resurrección y la vida; el que cree en mí, aunque esté muerto, vivirá. Y todo aquel que vive y cree en mí, no morirá eternamente" (Juan 11:25-26).

6.- El Camino, Y La Verdad, Y La Vida.

"Jesús le dijo: *Yo soy* el camino, y la verdad, y la vida; nadie viene al Padre, sino por mí" (Juan 14:6).

7.- La Vid.

"*Yo soy* la vid, vosotros los pámpanos; el que permanece en mí, y yo en él, éste lleva mucho fruto; porque separados de mí nada podéis hacer" (Juan 15:5)".[156]

El mismo Señor Jesús confirma con sus aplicaciones del término "*Yo Soy*" que, el niño que nació en el establo de Belén de Judea es el mismo "*Yo Soy*" del Antiguo Testamento. ES el Señor Dios Todopoderoso que llamó y afirmó a Abraham como el iniciador de la nación de Israel. El que nació en un pesebre en Belén de judea ES el mismo "*Yo Soy*" que comisionó a Moisés para sacar al pueblo de Israel de la esclavitud de Egipto. El niño nacido en Belén ES el mismo Rey al cual los salmistas le compusieron sus hermosos salmos. El pequeño niño nacido desde el vientre de la joven madre llamada María, Es, también, ¡El Gran "*Yo Soy*", el ἐγώ εἰμί, del Nuevo Testamento!

---

[156] El versículo el día. *Los 7 YO SOY de Jesús.* (La Habra, California. Internet. Articulo publicado el 9 de enero del 2020. Consultado el 15 de marzo del 2023), ¿? https://elversiculodeldia.com/los-7-yo-soy-de-jesus/

Debemos aclarar que este término era muy conocido por los oyentes de Jesús. Cuando Jesús pronunciaba este término, los pensamientos de los judíos inmediatamente se remontaban al llamamiento de Moisés.

Además, aclaramos que este número siete está asociado a múltiples mensajes en la Biblia. Brandon Smith cree que: "El número siete está bien atestiguado en la Biblia, siendo utilizado en alguna forma más de 800 veces. A menudo se ve como el número de terminación o perfección".[157] Es un número que se asocia sobre todo a aquello que simboliza algo completo o pleno. Siendo más específicos, Kevin H. Dávila dice que el número siete aparece en la Biblia: "380 veces, entre ellas 311 ocasiones en el Antiguo Testamento y los 69 restantes en el Nuevo Testamento".[158] Tal vez uno de los que más énfasis le pone a este número es el libro de Apocalipsis. En este libro el número siete se menciona 31 veces.

A través de Apocalipsis, Juan usa el número con frecuencia: siete espíritus, siete iglesias, siete estrellas, siete lámparas, siete ángeles, siete ciclos de

---

[157] Brandon Smith en Biblia y Teología. *¿Quiénes son los siete espíritus en Apocalipsis?* (La Habra, California, Internet. Artículo publicado el 26 de agosto del 2021. Consultado el 15 de marzo del 2023), ¿? https://www.coalicionporelevangelio.org/articulo/siete-espiritus-apocalipsis/

[158] Kevin H. Dávila. *¿Cuántas veces aparece el número 7 en la Biblia?* (La Habra California. Internet. Artículo publicado el 8 de agosto dl 2021, a las 2:55 p.m. Consultado el 19 de marzo del 2023), ¿? https://www.purabiblia.org/preguntas-y-respuestas/cuantas-veces-aparece-el-numero-7-en-la-biblia/amp/

juicio, siete espíritus de Dios, siete bienaventuranzas, siete bendiciones, siete sellos, siete plagas, siete copas de ira, siete trompetas, siete años de tribulación y siete visiones. "Como es común en el libro de Apocalipsis, también en este libro aparecen figuras y animales que representan personas y acontecimientos históricos".[159] Entre ellas aparece la representación del Mesías de Dios en cada batalla o escena. Aparece venciendo y para vencer: aparece como el Señor que tiene todo bajo control.

El Nuevo Testamento es el cumplimiento de las profecías en cuanto al Mesías de Dios y, cuando llegamos al Libro de Apocalipsis, notamos que las profecías acerca de Jesucristo se cumplen al pie de la letra y al mismo tiempo, el escritor de la Revelación, hace un llamado final al sometimiento de Su Señoría, asegurándonos que el niño que nació en Belén de judea y que llegó a ser el Redentor del mundo; el que fue crucificado, muerto y resucitado por Dios Padre y el Espíritu Santo, regresará pronto. Jesús, el niño de Belén de Judea; quien es el Gran "Yo Soy" (ἐγώ εἰμί), es el Señor que reina y que funda su reino.

En vista de todo lo dicho, creo que hoy, en estos días invernales, le podemos decir a Jesucristo, con fuerte voz: *¡Feliz navidad!*

---

[159] Comentario en la *Biblia de Estudio Esquematizada. RV, 1960.* (Brasil. Sociedades Bíblicas Unidas. 2010), 1890.

CONCLUSIÓN.

Llegamos, pues a la conclusión de que, el niñito de Belén de Judea, en su Soberanía, no sólo cumplió las profecías mesiánicas sobre su vida y ministerio Terrenal, sino que también el pasado, el presente y el futuro no le son desconocidos. ¡El niño que nació en Belén de Judea es el Soberano Dios! Es a él a quien hoy le festejamos su Natalicio.

Repito: Jesucristo, el niño que nació en Belén de Judea en tiempos del rey Herodes, es el mismo Dios Soberano desde antes y durante todo el Antiguo Testamento. La maravilla de las maravillas es que el Todopoderoso Dios; es decir, el Creador del universo y el *Shadday* del Antiguo Testamento, el mismo niño que nació en Belén de Judea sigue teniendo el control: ¡Nunca lo ha perdido!

El que tuvo el atrevimiento de nacer en un sucio pesebre de Belén de Judea es el mismo Señor Soberano que quita la duda sobre la Soberanía que le es propia: ¡Su soberanía es tan palpable que no deja ninguna duda de quien es Él!

Pero, aun así, todavía tenemos algunas dudas o pensamientos que nos hacen razonar de si en verdad Dios sabe lo que hace. Cuando vemos, escuchamos y sentimos los desacuerdos de la naturaleza, los actos negativos de los seres humanos y el trato que sentimos que Dios nos da, viene el sentimiento de si en verdad Dios sabe lo que está haciendo.

Bueno, hoy que estamos celebrando el Natalicio de Jesucristo, con las suficientes bases históricas, literarias, teológicas y bíblicas, podemos decir que el que nació en Belén de Judea tiene toda la autoridad para deshacer la incertidumbre de si en verdad él sabe lo que hace: ¡Él es Soberano y Omnisciente!

Así que, la Soberanía del que nació en Belén de Judea no es algo misterioso en las Sagradas Escrituras. Y, no lo es porque en ellas podemos leer que el que nació en Belén de Judea es El Gran *"Yo Soy"*; es el Dios de Abraham, de Isaac, de Jacob y el que comisionó a Moisés para liberar a su pueblo de la esclavitud egipcia.

Es, pues, a ese Gran *"Yo Soy"* que hoy le decimos: *¡Feliz Navidad!*

DIOS SOBERANO III

"Porque nos ha nacido un niño,
se nos ha concedido un hijo;
la soberanía reposará sobre
sus hombros, *y se le darán*
estos nombres: Consejero,
admirable, Dios fuerte, Padre
eterno, Príncipe de paz. ***Se***
extenderán su soberanía
y su paz, y no tendrán fin.
Gobernará sobre el trono de
David y sobre su reino, para
establecerlo y sostenerlo con
justicia y rectitud desde ahora
y para siempre".

Isaías 9:6-7, (NVI).

INTRODUCCIÓN.

"Cuenta la historia que un hombre fue condenado a muerte. Cuando ya iba a ser decapitado, el príncipe que era el encargado de la ejecución le preguntó si tenía algo que pedir. Todo lo que el reo pidió fue un vaso de agua. Cuando se lo trajeron, temblaba tanto que no podía acercar el agua a sus labios. Entonces el príncipe le dijo que se tranquilizara, pues nada le sucedería hasta que hubiese terminado de beber esa agua.

El hombre confió en la palabra del príncipe y arrojó el vaso al suelo. No pudieron recoger el agua derramada, y así el reo se salvó".[160]

¿Se salvó por tirar el agua? Creo que no. Se salvó de ser decapitado porque creyó en las palabras del que tenia toda la autoridad para permitir que viviera o que los decapitaran. ¡Creyó en la soberanía del Príncipe!

En la Carta a los Efesios, el apóstol Pablo les dijo a los cristianos que existe o que "hay un sólo cuerpo y Espíritu, … que existe un sólo Señor … un sólo Dios y Padre de todos, que está sobre todos y por medio de todos y en todos".[161] ¡Es a Él al que debemos de creerle sus palabras! El profeta Isaías dice que ese Soberano *"que está sobre todos y por medio de todos y en todos"*, es el mismo que nació en Belén de Judea del vientre de la joven María de Nazaret.

Ahora bien, debemos aclarar que "aunque él es *"sobre todo"* no está confinado al tiempo y al espacio, hay un lugar real en el universo donde el Señor mora y gobierna".[162] Porque Él es Soberano.

---

[160]   D. L. Moody. *200 anécdotas e Ilustraciones: Creyó en la palabra del príncipe.* (Estados Unidos. Editorial Portavoz. 2014), 8-9.

[161]   Efesios 4:4-6, (NVI).

[162]   P. D. Bramsen. *Un Dios un Mensaje: Descubre el misterio, haz el viaje.* Trd. Carlos Tomás Knott. (Grand Rapids, Michigan. Editorial Portavoz. 2011), 81

Para el Salmista, el "*sólo Dios y Padre de todos*" tiene su morada o habitación en los cielos, pero su reino domina a todos y, sobre todo.[163]

En su Soberanía planeo su llegada a la tierra como un bebé que nacería de una joven judía llamada María que vivía en el pueblo de nombre Nazaret, en el territorio de Galilea. Es así como, por revelación divina, mucho antes de que Jesús naciera en Belén de Judea, el profeta Isaías anunció que Jesús, el hijo de María, sería Soberano. Textualmente dijo que "*la soberanía reposará sobre sus hombros*", y que su gobierno "*se extendería al igual que su soberanía y su paz, y que no tendrán fin. Que gobernaría sobre el trono de David y sobre su reino, para establecerlo y sostenerlo con justicia y rectitud desde ahora y para siempre*".[164]

Acerca de esta profecía de la Soberanía del niño que nació en Belén de Judea, podemos decir que:

I.- EL DIOS SOBERANO JESUCRISTO, VINO PARA CUMPLIR LAS PROFECÍAS MESIÁNICAS.

Lo he comentado en otros mensajes y lo vuelvo a decir con el fin de que no nos olvidemos de que la venida de Jesucristo, el Dios soberano, a esta tierra, no fue un accidente; todo fue profetizado y

---

[163] Salmo 103:19.

[164] Isaías 9:6-7, (NVI). Trasliterado por Eleazar Barajas.

bien planeado. El pastor Rick Warren dijo que: "La venida del Dios eterno y el prometido Mesías había sido anticipada por miles de años. Las profecías anticipaban la verdad de que el Salvador del mundo vendría. Su nacimiento sería tan importante que dividiría la historia en a. C. y d. C. Tu nacimiento está determinado en relación con el nacimiento de Cristo.

Sin embargo, cuando el Hijo de Dios vino al mundo, no había habitación para Él. El dueño de la posada perdió una oportunidad increíble. Si Jesús hubiera nacido en una de sus habitaciones, el dueño podría haber puesto uno de esos carteles luminosos al estilo Las Vegas apuntando hacia abajo con la leyenda *"El Hijo de Dios nació aquí"*. Podría haber cobrado una fortuna por sus habitaciones. En lugar de eso, perdió la mayor bendición de su vida porque no tuvo lugar para Jesús".[165]

En uno de mis viajes misioneros llegamos a Matías Romero, Oaxaca. México. Mi compañero y yo teníamos hambre, así que fuimos al mercado para comer algo antes de continuar nuestro viaje misionero. Antes de entrar al mercado había mujeres vestidas con sus respectivos trajes típicos; los huipiles

---

[165] Rick Warren. *Devocional en Esperanza Diaria: La esperanza de la Navidad: ¿Muy Ocupado para Jesús?* (La Habra, California. Internet. Publicado el 16 de diciembre del 2021. Consultado el mismo día y año), ¿? <connect@newsletter.purposedriven.com>

mixes.[166] Cada una de ellas nos invitaron a comprar en sus puestos. Todas decían que tenían los mejores caldos de camarones mientras nos mostraban los camarones frescos.

Pasamos de un puesto a otro. Había una variedad de alimentos preparados y para preparar, la especialidad eran los mariscos. Al fin, como a la mitad del mercado nos sentamos y disfrutamos de un sabroso caldo de camarones.

¿Sabías que algo similar pasa con Jesucristo? Cada una de la religiones y sectas, y lo digo con mucho respeto, *le da su sabor*. Todas, en sus libros sagrados dicen tener la verdad; el mejor sabor. Y nos muestran sus habilidades religiosas para convencernos. Ahora, por favor: "No te rías – pero, aunque tú no lo creas-. La *Osford University Press* ha publicado una enciclopedia identificando diez mil religiones en el mundo. Y esto no incluye los miles de sectas y denominaciones halladas dentro de esas

---

[166] Pueblos Indígenas. *Los mixes – Pueblo Indígena originario de Oaxaca: Vestimenta.* El traje típico del hombre está compuesto por calzón y camisa holgados de manta blanca, bordados color rojo en las magas, costado derecho y botones, ruana y sombrero de palma o zacate. Generalmente van descalzos. La vestimenta de la mujer consta de huipil blanco con encajes hecho a mano color rojo, encima de éste un enredo o falda roja vinotinto, negra o azul marino apretada a la cintura por una faja de algodón con dibujos de figura humana o líneas geométricas en dos colores. El cabello largo partido a la mitad con dos trenzas que adornan con cintas de lana, color rojo encendido. Complementan su vestuario con aretes y collares de distintos materiales y motivos. (La Habra, California. Internet. Consultado el 17 de diciembre del 2021), ¿? https://pueblosindigenas.es/de-mexico/los-mixes/. La Fotografía fue copiada de la misma página.

religiones".[167] Entonces, pues, las preguntas aquí son: "¿Qué hemos de comprar? ¿A quién debemos de creer? Son miles de puestos en un sólo mercado; el *Mercado de la Religión*. ¿En dónde nos vamos a "*sentar*" para estudiar la verdad? ¿A qué "*puesto-iglesia*" iremos para adorar a Dios?

Por favor, no te sientes en cualquier banca. Puede ser que el alimento que te sirvan no sea saludable. "Los cristianos creen en el nacimiento virginal de Jesús. Los ateos y los materialistas creen en el nacimiento virginal del cosmos".[168] En ese puesto, ¡ese es su Cristo!

El contexto bíblico dice que el Dios Soberano, Jesucristo, vino para cumplir las profecías mesiánicas. Esto es que, si al Cristo al que te has acercado no cumplió con las profecías bíblicas, ¡ese no es el verdadero Cristo! El Cristo que nació en Belén de Judea y vivió en Nazaret, de Galilea, les dijo a sus seguidores: "—Tengan cuidado de que nadie los engañe. Porque vendrán muchos haciéndose pasar por mí. Dirán: 'Yo soy el Mesías (*El Cristo*)', y engañarán a mucha gente".[169]

---

[167] Kevin Hollaran. *Nota adicional en Los 7 "Yo Soy" Declaraciones de Jesús: Su Trasfondo Desde el AT y Significado en el NT*. (La Habra, California. Internet. Consultado el 17 de diciembre del 2021), ¿? https://ancladoencristo.org/los-7-yo-soy-declaraciones-de-jesus-su-trasfondo-desde-el-at-y-significado-en-el-nt/

[168] Kevin Hollaran. *Nota adicional en Los 7 "Yo Soy" Declaraciones de Jesús: Su Trasfondo Desde el AT y Significado en el NT*. (La Habra, California. Internet. Consultado el 17 de diciembre del 2021), ¿? https://ancladoencristo.org/los-7-yo-soy-declaraciones-de-jesus-su-trasfondo-desde-el-at-y-significado-en-el-nt/

[169] Mateo 24:4-5, (DHH).

Cuando Moisés fue enviado a Egipto, le dijo al Señor: "—Si voy a los israelitas y les digo: 'El Dios de sus antepasados me ha enviado a ustedes', ellos me preguntarán: '¿Y cuál es el nombre de ese Dios?'. Entonces, ¿qué les responderé? Dios le contestó a Moisés: —Yo Soy el que Soy. Dile esto al pueblo de Israel: 'Yo Soy me ha enviado a ustedes'."[170]

Ahora bien, en cuanto al soberano Jesucristo, que vino para cumplir las profecías mesiánicas, notamos en el Nuevo Testamento que Jesús usó siete veces la expresión *Yo soy* (ἐγώ εἰμί), expresión que era el nombre del Soberano del tiempo de Moisés, pero Jesús lo usó para aplicárselo a su persona. Es más, "este nombre personal de Dios aparece más de 6,500 veces en el Antiguo Testamento, más que cualquier otro nombre de Dios".[171]

En un mensaje anterior les he mencionado esta apropiación del *"Yo Soy"* que hace Jesucristo hacia su persona. Por ejemplo, Jesucristo dijo: "Yo soy el pan de vida"; "Yo soy la luz del mundo"; "Yo soy la puerta"; "Yo soy el buen pastor"; "Yo soy la Resurrección y la vida"; "Yo soy el camino, y la verdad, y la vida"; y, "Yo soy la vid".[172] De acuerdo con el Nuevo Testamento Griego, en todas estas

---

[170] Exodo 3:13-14, (NTV). Las **bolds** y las *itálicas* son mías.

[171] P. D. Bramsen. *Un Dios un Mensaje: Descubre el misterio, haz el viaje.* Trd. Carlos Tomás Knott. (Grand Rapids, Michigan. Editorial Portavoz. 2011), 103

[172] Juan 6:35; Juan 8:12; Juan 10:9; Juan 10:11; Juan 11:25-26; Juan 14:6; Juan 15:5

expresiones Jesús usó la expresión ἐγώ εἰμί).[173] Las usó para afirmar que él es Soberano desde hace mucho tiempo antes de que el profeta Isaías dijera: *"... la soberanía reposará sobre sus hombros"*, porque, además de ser Soberano, también es Eterno.

Te lo recuerdo, siete veces en el Evangelio de Juan Jesús dijo: *"Yo Soy"*. "El número 7 está asociado a múltiples mensajes en la Biblia. Se asocia sobre todo a aquello que simboliza algo terminado o pleno".[174] ¡Jesús cumplió con todas las profecías! No dejó nada a medias. Por ejemplo, el número siete lo podemos encontrar en el episodio de Naamán, el sirio leproso. La Biblia dice que el profeta de Dios – Eliseo - le dijo que se sumergiera siete veces en las aguas del río Jordán, de este modo pudo sanar de su enfermedad. ¡Sanidad completa! En el Libro de los Hechos de los Apóstoles, se nombraron siete diáconos para encargarse de los servicios de la iglesia. ¡Ministerio completo! El Libro de Apocalipsis dice que el mensaje de Jesucristo fue dirigido a siete iglesias.[175] Estamos, pues, hablando de: ¡Alabanza y juicios completos!

Así que, el Dios Soberano nacido, irónicamente en un pesebre, FUE y ES el Mesías de Dios que

---

Kurt Allan, Matthew Black, Carlo M. Martini, Bruce M. Metzger, and Allen Wikgren. *The Greek New Testament Fourth Revised Edition.* (Germany. Biblia-Druck, D-Stuttgart. 1994), 337-382.

Significado Bíblico. *El número 7.* (La Habra, California. Internet. Consultado el 17 de diciembre del 2021), ¿? https://www.significadobiblico.com/numero7.htm

2 Reyes 5:1-34; Hechos 6:1-6; Apocalipsis 1:4; 2:1-3:22

cumplió las profecías bíblicas al cien por ciento. No sabemos a ciencia cierta cuántas fueron las que cumplió. Los estudiantes de la vida y ministerio de Jesucristo dicen que han "encontrado Textos que sobrepasan las 300 profecías, pero, en uno de sus escritos, exponen las setenta más relevantes. ... Ente ellas las que dicen que el Mesías sería el gran '*Yo Soy*', y que el Mesías sería la simiente de una mujer".[176]

Llegamos, pues a la conclusión de que, el niñito de Belén de Judea, en su Soberanía, no sólo cumplió las profecías anunciadas sobre su vida y Ministerio Terrenal, sino que también "el pasado, el presente y el futuro no le son nada desconocidos. Su existencia trasciende el tiempo y el espacio. Él es autosuficiente",[177] y por eso pudo cumplir todas las profecías bíblicas y extrabíblicas.

El niño de Belén es *Dios Soberano*. Y con este entendimiento, hoy, más de dos mil año de historia, podemos decir: *¡Feliz Navidad!*

---

[176] Jesucristo Net. *70 Profecías cumplidas en Jesucristo*. (La Habra, California. Internet.

[177] P. D. Bramsen. *Un Dios un Mensaje: Descubre el misterio, haz el viaje*. Trd. Carlos Tomás Knott. (Grand Rapids, Michigan. Editorial Portavoz. 2011), 103.

II.- JESUCRISTO, COMO DIOS SOBERANO, ESTÁ CON NOSOTROS.

Un Salmista de la familia de Coré, cantó las victorias del Señor y les dijo a sus contemporáneos: "El SEÑOR Todopoderoso está con nosotros; nuestro refugio es el Dios de Jacob".[178] Así que, el Salmo 46 es un himno a la victoria; a la victoria del Señor. "posiblemente fuera inspirado por la victoria en tiempo de Josafat (2 Crón. 20), o la de 701 a. de J.C. sobre Senaquerib (cf. Paralelos con Isaías 30)".[179] Sea la victoria que sea, el Salmista exalta la Soberanía de Dios en las guerras de Israel.

Este Dios Todopoderoso, en la Biblia, es conocido con el nombre de *El Elyon* (el 'elyôn), término que significa: *El altísimo, El Ser Supremo, y El Dios altísimo*. "Este nombre se deriva de la raíz hebrea para *'subir'* o *'ascender'*, así que la implicación es de lo que es lo más alto. *El Elyon* denota la exaltación y habla del derecho absoluto de señorío. Por lo que nada en toda la creación es superior a Dios".[180]

Otro nombre que usa la Biblia para hablar de la soberanía de Dios es *El Shadday*, nombre que

---

[178]   Salmo 46:7, (RV, 1960). La **bolds** e *itálicas* son mías.

[179]   Daniel Caro, José Tomás Poe y Rubén O. Zorzolí: Editores generales. *Comentario bíblico Mundo Hispano: Tomo 8: Salmos*. (El Paso, Texas. Editorial Mundo Hispano. 2002), 183

[180]   Compellingtruth. *¿Cuáles son los nombres de Dios?* (La Habra, California. Internet. Consultado el 16 de diciembre del 2021), ¿? https://www.compellingtruth.org/Espanol/nombres-de-Dios.html. 2 Samuel 22:14; Salmo 9:2; 73:11, 107:11; Daniel 4:31-34.

significa: *Dios Todopoderoso*. Es una expresión que "se refiere al poder máximo y soberano de Dios, sobre todo. Otros nombres similares son 'Señor Todopoderoso', el Señor Dios Todopoderoso', 'Señor Dios Omnipotente', y 'Fuerte de Israel'."[181]

Así que cuando el profeta Isaías dijo acerca del niño que nacería en Belén de Judá que *"la soberanía reposará sobre sus hombros"*, ¡lo dijo bajo la inspiración del Espíritu Santo anunciando que llegaría el tiempo cuando Jesucristo, como Dios Soberano que es, estaría con nosotros. El niño de Belén, hoy hecho ya hombre, todo el tiempo desea estar con nosotros. Así es que, como dijo el Reformador Juan Calvino: "Si deseamos la protección de Dios, sobre todo debemos interesarnos en que él more entre nosotros".[182]

Los sabios del Oriente, con su presencia y adoración al niño de Belén confirmaron lo que el profeta Isaías había anunciado en cuanto a Jesús. Los sabios llegaron a Jerusalén y le preguntaron al rey Herodes: "—*¿Dónde está el rey de los judíos que ha nacido?* Pues vimos salir su estrella y hemos venido

---

[181]   Compellingtruth. *¿Cuáles son los nombres de Dios?* (La Habra, California. Internet. Consultado el 16 de diciembre del 2021), ¿? https://www.compellingtruth.org/Espanol/nombres-de-Dios.html. Génesis 49:24; Salmo 132:2,5; 2 Corintios 6:18; Apocalipsis 15:3; 19:6; Isaías 1:24.

[182]   Daniel Caro, José Tomás Poe y Rubén O. Zorzolí: Editores generales. *Comentario bíblico Mundo Hispano: Tomo 8: Salmos.* (El Paso, Texas. Editorial Mundo Hispano. 2002), 184.

a adorarlo".[183] Los sabios del oriente no dudaron en decir que Jesucristo, como Dios Soberano, aunque todavía era un niño, estaba entre los judíos de Belén y de Jerusalén. Y por extensión histórica, ¡el Soberano Dios está entre nosotros! Y por eso podemos decir: *¡Feliz Navidad!* No *Felices fiestas* en donde todos nos divertimos, sino, *¡Feliz Navidad!* Porque el Soberano Dios nació en Belén de Judea y es a él que le festejamos su nacimiento.

El Salmista David se preguntaba: "¿Quién es este Rey de la gloria? – y el Mismo se respondía - El SEÑOR, el fuerte y valiente, el SEÑOR, el valiente guerrero. - Luego hace una súplica - Eleven, puertas, sus dinteles; levántense, puertas antiguas, que va a entrar el Rey de la gloria. – Y repite su estrofa favorita - ¿Quién es este Rey de la gloria? Es el SEÑOR Todopoderoso; ¡él es el Rey de la gloria!".[184]

Este Salmo 24 llegó a ser una expectativa "de la venida del Señor a su templo".[185] "Lo primero que hace el Salmista es destacar la absoluta soberanía de Dios".[186] Habla de un Dios Soberano, que es el dueño

---

[183]   Mateo 2:2, (DHH). Las **bolds** e *itálicas* son mías.

[184]   Salmo 24:8-10, (RV, 1960).
Daniel Caro, José Tomás Poe y Rubén O. Zorzolí: Editores generales. *Comentario bíblico Mundo Hispano: Tomo 8: Salmos.* (El Paso, Texas. Editorial Mundo Hispano. 2002), 128.

[185]   Daniel Caro, José Tomás Poe y Rubén O. Zorzolí: Editores generales. *Comentario bíblico Mundo Hispano: Tomo 8: Salmos.* (El Paso, Texas. Editorial Mundo Hispano. 2002), 128.

[186]   Daniel Caro, José Tomás Poe y Rubén O. Zorzolí: Editores generales. *Comentario bíblico Mundo Hispano: Tomo 8: Salmos.* (El Paso, Texas. Editorial Mundo Hispano. 2002), 128.

de todo. Y, ese dueño de todo, ¡está con nosotros! El Evangelista Mateo, cuando habla del niño de Belén, lo llama: *Emmanuel*, un término que significa: *Dios con nosotros.*[187]

Por supuesto que, entre los pensadores de todos los tiempos, no siempre aceptaron esta verdad como la verdad absoluta. Por ejemplo, el apologista Craig Bluemel, en su explicación de Isaías 9:6, dice que: "Esta profecía ha sido utilizado por la iglesia cristiana como un texto de prueba que supone afirmar la divinidad de Jesucristo como 'el Dios Todopoderoso', y como el 'Padre Eterno'. – Y luego agrega, diciendo: - Nada más lejos de la verdad".[188] Mis respetos para este pensador, pero, si la Biblia dice que nació de María virgen; y que la Geografía afirma la existencia de un pueblo llamado Belén de Judea, y que, además, la Historia dice que Jesús nació cuando reinaba en Jerusalén el rey Herodes, y también que la Biblia dice que Jesús es el Hijo unigénito del Padre Dios, entonces, eso de que: "*Nada más lejos de la verdad*", es de dudarse. Las pruebas están muy claras: Dios está con nosotros en la persona de Jesucristo, el mismo que nació en Belén de Judea al cual, como cristianos, le celebramos *Su Natalicio* con las palabras: *¡Feliz Navidad!*

---

[187]   Mateo 1:23.

[188]   Craig Bluemel. *Explicación de Isaías 9:6*. (La Habra, California. Internet. Artículo publicado el 1 de enero el 2012. Consultado el 16 de diciembre del 2021), ¿? https://apologista.wordpress.com/2012/01/01/explicacion-de-isaias-96/

Aun con esta clase de Teología Histórica, el salmista habla de la entrada a este mundo del Rey Soberano. Con sus preguntas y respuestas: "¿Quién es este Rey de la gloria? El SEÑOR, el fuerte y valiente, el SEÑOR, el valiente guerrero".[189] Y con la declaración de Mateo al llamarle *Emmanuel*, podemos decir que, el Soberano Dios, en la persona del niño de Belén, está con nosotros. Y, por el hecho de que el Soberano Dios está con nosotros, hoy podemos decir a voz a cuello: *¡Feliz Navidad!*

III.- El Dios soberano Jesucristo vino para cumplir un propósito especifico.

Hablando de las señales del fin del mundo, el Evangelista Mateo dice que el: "… evangelio del reino se predicará en todo el mundo como testimonio a todas las naciones, y entonces vendrá el fin".[190] Uno de los aspectos de la Teología Cristiana que ha causado cierta problemática es la Segunda venida de Jesucristo a esta tierra. Jesucristo les prometió a sus seguidores que regresaría por segunda vez. Sus palabras consoladoras fueron: "En la casa de mi Padre hay muchos lugares donde vivir; si no fuera así, yo no les hubiera dicho que voy a prepararles un lugar. Y después de irme y de prepararles un lugar,

---

[189]   Salmo 24: 8, (NVI).

[190]   Mateo 24:14, (NVI).

vendré otra vez para llevarlos conmigo, para que ustedes estén en el mismo lugar en donde yo voy a estar".[191]

Llegó el día de su partida para estar con Su Padre Celestial y desde entonces, es decir, desde el año 29 d. C., aproximadamente, hasta la fecha, no se ha presentado física y corporalmente. El apóstol Pablo dijo que cuando Cristo regrese por Segunda vez a esta tierra, se oirá una voz de mando, y voz de un arcángel se va a escuchar junto con el sonido de la trompeta de Dios, y, en medio de todo ese aviso, el Señor mismo bajará del cielo".[192] Pero ¡esto no ha sucedido!

Las preguntas son: ¿Cuándo sucederá este evento? ¿En realidad sucederá? ¿Por qué no ha sucedido? La garantía que nos da la Escritura Sagrada es que sucederá: ¡Un día Jesucristo regresará! Pero ¿por qué se tarda? "No es que el Señor se tarde en cumplir su promesa, como algunos suponen, sino que tiene paciencia con ustedes, pues no quiere que nadie muera, sino que todos se vuelvan a Dios".[193] El Señor, en Su Gracia Soberana está esperando el tiempo; Su tiempo, para volver corporalmente a esta tierra con el fin de terminar el propósito por el cual vino la Primera vez.

---

[191] Juan 14:2-3, (DHH).

[192] I Tesalonicenses 4:16, (Parafraseada por Eleazar Barajas).

[193] 2 Pedro 3:9, (DHH).

¿Cuál fue el supremo propósito de Jesucristo en Su Primera venida? Podemos decir que fue un propósito quíntuple: Perdonar, liberar, justificar, adoptar y presentar a Su Padre un Pueblo Santo. ¡Sí!, el Dios Soberano, Jesucristo, ¡vino para cumplir un propósito especifico! Pero ese propósito tiene cinco verbos infinitivos o cinco facetas redentoras.

1.- Perdonar.

Adán y Eva pecaron y de inmediato fueron separados de la presencia de Dios. Fueron sacados del huerto del Edén. Aquel huerto era un símbolo de la morada de Dios; una forma de tener el compañerismo con el Señor. ¡Una armonía rota! Una de las consecuencias del poder del pecado sobre la humanidad es la separación de Dios. El ministerio y propósito de Jesucristo al venir a nacer en un pesebre fue para perdonar todos los pecados del ser humano. No es que toda la humanidad sea perdonada, sino que toda ella tiene la oportunidad de serlo. Y la única manera de ser perdonado es aceptar el perdón de Jesucristo.

El apóstol Pablo le dijo al Pastor Timoteo: "... no hay más que un Dios, y un sólo hombre que sea el mediador entre Dios y los hombres: Cristo Jesús. Porque él se entregó a la muerte como rescate por la salvación de todos y como testimonio dado por él a su debido tiempo".[194] Anteriormente, el apóstol Pablo había dicho que Dios: "… quiere que todos se salven y lleguen a conocer la verdad".[195] "La afirmación 'Dios desea que *todos* los hombres – hombres de todo rango, posición, tribu y nación – sea salvos' es verdadera, porque (hay solo) un Dios y (hay solo) un Mediador entre Dios y los hombres, el hombre Cristo Jesús.

No hay un Dios para esta nación, otro para otra; un Dios para los esclavos y uno para los libres; un Dios para los reyes y otro para los súbditos. Pablo es quien se interpreta mejor así mismo: Porque por un solo Espíritu fuimos todos bautizados en un solo cuerpo, sean judíos o griegos, sean esclavos o libres; y a todos se nos dio a beber de un solo Espíritu' (I Co. 12:13). '¿Es Dios solamente Dios de los judíos? ¿No es también Dios de los gentiles? Porque Dios es uno …' (Rom. 3:29)".[196]

Una de las principales tareas de la misión del niño de Belén de Judea ERA y Es la de perdonar los pecados de la humanidad que acepta su Soberanía. Perdonar los pecados de la humanidad sigue siendo la misión del que se humanó y que, geográficamente, nació en Belén de Judea, el Hombre llamado *Jesús*

---

[194]   I Timoteo 2:5-6, (DHH).

[195]   I Timoteo 2:4, (NTV).

[196]   Guillermo Hendriksen. *1 y 2 Timoteo-Tito: Comentario del Nuevo Testamento.* (Grand Rapids, Michigan. Subcomisión Literatura Cristiana de la Iglesias Cristiana Reformada. 1979), 114.

o, como lo llama el Evangelista Lucas *"El Hijo del hombre"*[197] Este es un título que se le atribuye al que nació en Belén de Judea en días del rey Herodes el Grande.[198]

Jesucristo, pues, tiene el poder para perdonar pecados porque es el Mediador entre Dios y los hombres. Es interesante hacer notar que en la declaración Paulina: "un solo mediador entre Dios y los hombres, Jesucristo hombre",[199] se hace notar que "aquí *hombres* y *hombre* están yuxtapuestos. Si la salvación hubiese estado calculada solamente para un grupo en particular, los judíos, por ejemplo, el apóstol hubiese escrito 'el *judío* Cristo Jesús'. -Pero, puesto que la salvación o el perdón de los pecados- estaba destinada a judíos y a gentiles, esto es, para

---

[197]   Lucas 19:10, (RV, 1960).

[198]   Got Questions. *¿Qué significa que Jesús es el Hijo del Hombre?* Jesús es llamado el "Hijo del Hombre" 88 veces en el Nuevo Testamento. El primer significado de la frase "El Hijo del Hombre", es en referencia a la profecía de Daniel 7:13-14 "Miraba yo en la visión de la noche, y he aquí con las nubes del cielo venía uno como un Hijo de hombre, que vino hasta el Anciano de días, y le hicieron acercarse delante de Él. Y le fue dado dominio, gloria y reino, para que todos los pueblos, naciones y lenguas le sirvieran; Su dominio es dominio eterno, que nunca pasará y Su reino uno que no será destruido". La descripción "Hijo de Hombre" era un título Mesiánico. Jesús es Aquel a quien le fue dado dominio, la gloria, y el reino. Cuando Jesús usaba esta frase en relación a Sí mismo, Él se estaba adjudicando la profecía del "Hijo del Hombre". Los judíos de esa época debieron haber estado íntimamente familiarizados con la frase y a quién se hacía referencia. Jesús estaba proclamándose como el Mesías. (La Habra, California. Internet. Consultado el 23 de marzo del 2023), ¿? https://www.gotquestions.org/espanol/jesus-hijo-hombre.html

[199]   I Timoteo 2:5, (RV, 1960).

los hombres en general, sin distinción de raza o nacionalidad, escribe 'el *hombre* Cristo Jesús'."²⁰⁰

Así que, el perdón de los pecados es solamente por un *hombre* llamado Cristo Jesús. El *hombre* que nació en Belén de Judea de una joven que vivía en Nazaret de Galilea y que, tuvo como padrastro a José, un hombre también de Nazaret. Ese *hombre* llamado Cristo Jesús, es decir, Dios mismo, tomó la forma humana para cumplir con uno d ellos supremos propósitos de Su Primera venida: Perdonar los pecados de la humanidad extraviada.

2.- Liberar.

La segunda tarea del Señor Dios que se implantó así mismo al humanarse y nacer del vientre de la joven María de Nazaret fue la de liberar a la humanidad de la cárcel del pecado. Porque el pecado encarcela. Es decir que, no sólo se había propuesto perdonar los pecados de los hombres, sino que, además, otra de sus metas fue dejar completamente libres a los seres humanos de la esclavitud del pecado.

El Ángel del Señor le dijo a José de Nazaret que al niño que tendría María le pusiera por

---

²⁰⁰ Guillermo Hendriksen. *1 y 2 Timoteo-Tito: Comentario del Nuevo Testamento.* (Grand Rapids, Michigan. Subcomisión Literatura Cristiana de la Iglesias Cristiana Reformada. 1979), 115.

nombre JESUS – término que significa Salvador, Libertador -, porque El salvaría (libertaría) al pueblo de sus pecados.[201]

El evangelista Mateo dice que Dios mismo le puso el nombre al hijo de María aun antes de que naciera. A José, su padre adoptivo, le dijo que el hijo de María se llamaría *Jesús*; Palabra que significa: *Yah salva oh, Jehová salva.*[202] Antes de que Dios se encarnara y naciera en Belén de Judea, ya tenía un ministerio especifico: La salvación o liberación de la humanidad. Este *Ministerio Libertador* fue planeado en la eternidad con la Unidad Trinitaria; es decir, con el Padre, con el Hijo y con el Espíritu Santo. En ese plan divino y eternal, en Jesucristo, se es libre de los pecados; no sólo perdonados sino libres de su poder.

El apóstol Juan dijo que, si el Hijo nos libera, seremos verdaderamente libres.[203] "El concepto de libertad es muy valorado entre los seres humanos. Nos gusta hablar de nuestro derecho a ser libres y a actuar como queremos. Sin embargo, sólo con Jesús podemos tener la verdadera libertad, esa que brota desde lo más profundo de nuestro ser".[204]

---

[201]   Lucas 1:31.

[202]   Mateo 1:21.

[203]   Juan 8:32. (Parafraseada por Eleazar Barajas).

[204]   SuBliblia. *7 libertades que tenemos en Cristo.* (La Habra, California. Internet. Consultado el 24 de diciembre del 2021), ¿? https://www.subiblia.com/siete-libertades-en-cristo/#:~:text=En%20Cristo%20somos%20libres%201.%20De%20la%20condenaci%C3%B3n,la%20ley%20del%20pecado%20y%20de%20la%20muerte.

Ahora bien, estas palabras de Juan propiamente encierran todo el propósito Redentor de Cristo Jesús. ¿Por qué? Porque el niñito de Belén se convirtió en el libertador "de la condenación y la culpa; Del dominio del pecado; De la muerte eterna; Del miedo; De la ira de Dios; De intentar ganar nuestra salvación - y nos liberó del pecado - para acercarnos a la presencia de Dios".[205] No hay, pues, ninguna duda de que el Dios Soberano, ¡Es nuestro Redentor! El UNICO que nos ha librado y nos librará del poder del pecado.

Por eso considero que es justo que hoy, que estamos en estos días navideños, pensemos seriamente en que estamos celebrando *El Natalicio* de Jesucristo y que, con esa mentalidad, podamos decirle a nuestro Soberano Señor: *¡Feliz Navidad!*

3.- Justificar.

Un tercer propósito por el cual el *Shadday*: El Dios Todopoderoso, decidió llegar a este mundo en forma humana fue porque consideró que ésta era y es una de las formas en que podía justificar a la humanidad de sus malas decisiones y de sus pecados ante el mismo. Dios deseaba que existiera un puente entre Él y los seres humanos por el cual

---

[205] SuBliblia. *7 libertades que tenemos en Cristo.* (La Habra, California. Internet. Consultado el 24 de diciembre del 2021), ¿? https://www.subiblia.com/siete-libertades-en-cristo/#:~:text=En%20Cristo%20somos%20libres%201.%20De%20la%20condenaci%C3%B3n,la%20ley%20del%20pecado%20y%20de%20la%20muerte.

la comunión que se había perdido en el huerto del Edén se pudiese recuperar. Así que pensó que la única manera de construir ese puente sería usando la materia humana; un cuerpo humano que tuviera todas las características de los seres humanos con el fin de ser igual a ellos, pero sin pecado.

El Evangelista Lucas dice que "el Hijo del Hombre -es decir, Jesucristo - vino a buscar y a salvar lo que se había perdido".[206] Una de las maneras que implicaba el perdón y la liberación del pecado es la justificación. El cree en Cristo Jesús como su salvador personal queda perdonado y libre de sus pecados y, entonces, queda justificado delante de Dios de todo lo malo que ha hecho. Es decir, que, una vez justificado, para Dios, la persona es una Nueva Criatura.[207] Esto es, una persona que nunca ha pecado. ¡Es una persona justificada por el que nació en Belén de Judea!

Ahora bien, ¿qué es la justificación que hace Jesucristo? El teólogo Louis Berkhof dice que, "el término hebrero para 'justificación' es *hitsdik*, que en la gran mayoría de los casos significa 'declarar judicialmente que el estado de uno está en armonía con las demandas de la ley'- esto es que la justificación

---

[206] Lucas 19:10, (RV, 1960).

[207] 2 Corintios 5:17.

es – 'cambiar las condiciones de tal manera que el hombre pueda ser considerado justo'."²⁰⁸

El Diccionario Bíblico Ilustrado Holman dice que la Justificación es un "acto forense de Dios basado en la obra de Cristo en la cruz a través de la cual un pecado es declarado justo mediante la imputación de la justicia de Cristo".²⁰⁹

Para el apóstol Pablo la justificación "es declarar jurídicamente que las demandas de la ley como condición para la vida están plenamente satisfechas con respecto a una persona, Hechos 13:39; Rom. 5:1, 9; 8:30-33; I Cor. 6:11; Gál. 2:16; 3:11)".²¹⁰

Así que cuando el apóstol Pablo dijo: "Por lo tanto, ya que fuimos hechos justos a los ojos de Dios por medio de la fe, tenemos paz con Dios gracias a lo que Jesucristo nuestro Señor hizo por nosotros",²¹¹ nos asegura que el que nació del vientre de la joven María en el establo de Belén de Judea es el Dios Soberano, Jesucristo, que vino a este mundo en forma humana para cumplir un propósito especifico. En este caso: ¡Justificar al pecador delante de Dios Padre!

---

208 Louis Berkhof. *Teología Sistemática*. Trd. Felipe Delgado Cortés. (Grand Rapids, Michigan. Libros Desafío. 1988), 611.

209 Leticia S. Calcada. Edición General. *Diccionario Bíblico Ilustrado Holman: Exhaustivo. teológico. Escritural. Excepcional sistema de índice. Más de 600 fotografías, ilustraciones, gráficos y mapas de todo color.* (Nashville, Tennessee. B&H Publishing Group. 2008), 955.

210 Louis Berkhof. *Teología Sistemática*. Trd. Felipe Delgado Cortés. (Grand Rapids, Michigan. Libros Desafío. 1988), 612.

211 Romanos 5:1, (NTV).

4.- Adoptar.

La adopción es el "proceso legal mediante el cual una persona recibe a otra en su familia y le confiere privilegios y ventajas familiares. El 'adoptante' asume responsabilidades de padre hacia el 'adoptado'. El 'adoptado', en consecuencia, se considera un verdadero hijo, y se convierte en beneficiario de todos los derechos, los privilegios y las responsabilidades correspondientes a los hijos de la familia".[212] Este es el cuarto propósito por lo cual el Señor Jesucristo; el Dios Todopoderoso, se atrevió a nacer en un pesebre de la aldea de Belén de Judea. ¡Quería que volviéramos a la Familia de Dios! Los que creemos en su Nacimiento virginal, en su poder Redentor y en su Salvación, ya nos ha adoptado como los amados del Señor en la Familia de Dios. Y, por supuesto que, está con la esperanza de que todos procedan al arrepentimiento para que puedan ser adoptados y lleguen a tener *"todos los derechos, los privilegios y las responsabilidades correspondientes a los hijos de la familia".*

Dice el apóstol Pablo que Dios, "Por su amor, nos había destinado a ser adoptados como hijos suyos por medio de Jesucristo, hacia el cual nos ordenó, según

---

[212] Leticia S. Calcada. Edición General. *Diccionario Bíblico Ilustrado Holman: Exhaustivo. teológico. Escritural. Excepcional sistema de índice. Más de 600 fotografías, ilustraciones, gráficos y mapas de todo color.* (Nashville, Tennessee. B&H Publishing Group. 2008), 32.

la determinación bondadosa de su voluntad".[213] Es decir que: "La Biblia nos dice que mucho tiempo atrás, aún antes de que Dios hiciera el mundo, ya el Señor nos había amado y nos había escogido para ser suyos. Su plan, desde el comienzo era el adoptarnos y hacernos parte de su familia a través de su Hijo, Jesucristo. Cuando ponemos nuestra fe y confianza en Jesús como nuestro Señor y Salvador, somos adoptados en la familia de Dios".[214]

Esta es la razón por la cual el vino a este mundo y nació en la paupérrima humildad con el fin de levantar desde lo más vil hasta al más sofisticado ser humano y, llevarlo a una esfera vivencial diferente. ¡A la Familia de Dios!

5.- Presentar un Pueblo Santo a Su Padre.

Después de que Jesucristo ha perdonado y liberado del pecado al creyente; después de que ha hecho posible la justificación a tal grado que presenta al ser humano, creyente en El, justo delante de Su Padre y lo hace, por su propia justicia, miembro de la Familia de Dios al adoptarlo como hijo. Después de todo eso, el que nació en Belén de Judea presenta

---

[213] Efesios 1:4b-5, (DHH).

[214] Sermons4Kids. *Hijos adoptivos de Dios*. (La Habra, California. Internet. Consultado el 7 de enero del 2023), ¿? https://sermons4kids.com/es/gods_adopted_children_2_esp.htm#:~:text=La%20Biblia%20nos%20dice%20que%20mucho%20tiempo%20atr%C3%A1s%2C,Salvador%2C%20somos%20adoptados%20en%20la%20familia%20de%20Dios.

a los perdonados, a los liberados, a los justificados y a los adoptados ante Su Padre Dios como un pueblo santo.

Es decir que Jesús quiso y quiere más que nada la salvación de los seres humanos. ¡A eso vino en forma humana a convivir con nosotros! Vino a santificarnos o separarnos del mundo para prepararnos para Su Segunda venida.

Una de las oraciones del apóstol Pablo dice: "Y el mismo Dios de paz os santifique *por completo; y todo vuestro ser, espíritu, alma y cuerpo*, sea guardado irreprensible para la venida de nuestro Señor Jesucristo".[215] Esto es que, El desea la salvación de todo tu ser, cuerpo, alma y espíritu; todo lo que tú eres. Vino con el propósito de sacarte de la porquería del pecado y librarte del poder de Satanás para que vivas en la Soberanía de Dios.

El Dios soberano Jesucristo, vino a Belén de Judea para cumplir un propósito especifico: Salvar a la humanidad de las garras del pecado y de las cadenas satánicas. Su propuesta salvífica es universal. Es una salvación para todos. Jesús quiere salvar a todos. Jesús quiere incluso salvar a aquellos a quienes otros menosprecian o rechazan.[216] ¡Ese es Su propósito! No dejó su trono y Su gloria solamente para darse a conocer como Dios Soberano, sino que,

---

215   I Tesalonicenses 56:23, (RV, 1960). Las **bolds** e *itálicas* son mías.

216   Mateo 18:12-14; Lucas 5:31-32; 15:1-7; 19:9-10.

en Su Soberanía, está Su propósito: Perdonar, liberar, justificar, adoptar y Salvar a todo aquel cree en El.

El Evangelista Lucas dice que cuando el bebé Jesús fue llevado al templo para cumplir con el rito de la purificación de su madre María, "Simeón les dio su bendición y le dijo a María, la madre de Jesús: 'Este niño está destinado a causar la caída y el levantamiento de muchos en Israel'.[217] Es decir que, el Soberano que nació en Belén de Judea levantaría a los que creyeran en El. Los levantaría a tal grado que los haría parte de un pueblo santo. Un pueblo que sería presentado por el mismo Señor Jesús al Padre Dios. Un pueblo santo que hoy, puede celebrar *El Natalicio* del que lo hizo santo, diciendo: *¡Feliz Navidad!*

Conclusión.

Llegamos, pues a esta conclusión: *Primero*, que la Celebración de la Navidad no es un mito. *Segundo*, que el Dios Soberano, el mismo que decidió nacer del vientre de la joven María de Nazaret, es el mismo que le había inspirado al profeta Isaías para que anunciara al pueblo de Israel la venida a este mundo del Mesías de Dios. Isaías, pues, en cumplimiento a la voz profética de Dios, dijo: "Porque nos ha nacido un niño, se nos ha concedido un hijo; la soberanía

---

[217] Lucas 2:34, (NVI).

reposará sobre sus hombros, y se le darán estos nombres: Consejero, admirable, Dios fuerte, Padre eterno, Príncipe de paz. Se extenderán su soberanía y su paz, y no tendrán fin. Gobernará sobre el trono de David y sobre su reino, para establecerlo y sostenerlo con justicia y rectitud desde ahora y para siempre".[218] Y, de una manera humana, Jesús, el hijo de María, comenzó a reinar desde el pesebre en Belén de Judea y, sigue reinado, pues su gobernatura es para siempre.

Tercero, que, en Su Plan Soberano, el Señor Jesucristo, vino para cumplir las profecías mesiánicas anunciadas a Israel, especialmente por los profetas Isaías y Miqueas. Jesucristo, el niño de Belén, como Dios Soberano, ahora está con nosotros en forma humana, pues es *Emmanuel*. Decidió este medio de comunicación con nosotros porque no había una forma mejor para hacernos entender Su Plan Salvífico.

En fin, el Dios Soberano, al que nosotros conocemos con el nombre de Jesucristo, vino para cumplir un propósito especifico. Un propósito que tiene como funciones cinco aspectos con los cuales, el niño de Belén de Judea cumplió su Misión Terrenal: 1.- Vino para perdonar los pecados de los seres humanos; 2.- Vino para liberar a la humanidad del poder del pecado y de Satanás; 3.- El Señor Jesús vino para justificar delante de Su Padre a los

---

[218] Isaías 9:6-7, (NVI).

pecadores redimidos; 4.- Dios mismo vino para adoptar a los creyentes en Cristo Jesús y hacerlos miembros de la Familia de Dios.

Así que, para finalizar su propósito encarnacional, el Señor Jesucristo, 5.- Vino para santificar a un pueblo con el fin de presentárselo a Su Padre Dios Santo y Santificado en su propia justicia.

Nosotros, los cristianos en esta zona de Estados Unidos, somos parte de ese Pueblo Santo. Y, hoy, que estamos celebrando *El Natalicio* de Jesucristo, creo que es justo que le digamos: *¡Feliz Navidad!*

DIOS ADMIRABLE

"Porque un niño nos es nacido, hijo nos es dado, y el principado sobre su hombro; y se llamará su nombre Admirable, ..." *Entonces dijo Manoa al ángel de Jehová: ¿Cuál es tu nombre, para que cuando se cumpla tu palabra te honremos? Y el ángel de Jehová respondió: ¿Por qué preguntas por mi nombre, que es admirable?*

Isaías 9:6; Jueces 13:17-18 (RV, 1960).

INTRODUCCIÓN.

Era un día muy hermoso, el sol brillaba a todas luces y nosotros tres; Marvin Foster, a quien llamábamos El *Capitán Águila*, por su enorme estatura y por ser el piloto de una avioneta. Laurencio Gutiérrez y su servidor, Eleazar Barajas, durante los días previos a aquella mañana nos habíamos preparado para un largo viaje. Cumpliríamos con una misión en La Esperanza, Honduras, CA.

Así que, a las nueve de la mañana de aquel hermoso día veraniego que comenzaba en Córdoba, Veracruz, México, los tres abordamos la Avioneta Cessna de un sólo motor que nos llevaría directamente a Tegucigalpa, la capital de Honduras.

Cuando estábamos volando sobre el estado de Chiapas, México, el clima cambio. Una fuerte tormenta con nubes negras y un viento recio nos encontró cuando estábamos volando a unos 1500 pies (457.2 Metros). La pequeña avioneta, al entrar en la tormenta, se movía estrepitosamente y la visibilidad se perdió por completo; volábamos a ciegas. A la orden del *Capitán Águila*, nos elevamos hasta salir de la tormenta.

Afuera y encima de la tormenta, el sol brillaba proporcionándonos una vista admirable.

Sí, desde arriba de la tormenta, fue algo admirable poder ver las nubes desde las alturas completamente blancas. ¡Fue un hermoso viaje sobre las nubes! Nada de lluvia; nada de fuerte viento; y nada de nublado, el sol brillaba plácidamente. El resto del viaje hasta Honduras fue sin ninguna interrupción climática. ¡Fue un viaje admirable!

Y, sin embargo, hoy quiero hablarles de algo mucho más admirable, me refiero al niño que nació en un pesebre de la aldea de Belén de Judá. Un niño del cual el profeta Isaías dice que uno de sus nombres sería *Admirable*.

¿Por qué el nombre *admirable* se le pondría al recién nacido en Belén de Judá en tiempos del rey Herodes el Grande? Por varias razones que nos presenta la Biblia, pero ahora quiero que pensemos que llevaría ese nombre porque así fue profetizado.

Así que, en cumplimiento de la profecía de Isaías, el niño que nació en Belén de Judea, aproximadamente unos setecientos años después de que Isaías lo anunciara, FUE un niño *Admirable*. Y lo fue porque, *primeramente*, fue un cumplimiento cronológico exacto de las Escrituras. *Segundo*, porque el Dios *Admirable* se hizo Emmanuel. Y, en *tercer lugar*, porque el *Dios Admirable* se encuentra entre la Profecía Bíblica.

I.- CUMPLIMIENTO CRONOLÓGICO.

Ni antes ni después. Jesús de Nazaret nació en el tiempo exacto; en el lugar anunciado y de la persona profetizada. Nació cuando Octavio Augusto era el emperador de Roma, (27 a.C. al 14 d. C.). Nació en un tiempo en que no había gobernadores en Judea, sino que estaba Herodes I El Grande como el rey de Judea (37 a.C. a 4 a.C.). Nació cuando Anás y Caifás se encaminaban para ser los sumos sacerdotes en la ciudad de Jerusalén. Jesús, pues, nació dentro de un plan divino y de esta manera se llevó a cabo el cumplimiento cronológico. Es decir, ni antes, ni después del tiempo señalado.

En la versión paulina, el cumplimiento cronológico, dice: "Pero cuando vino *el cumplimiento del tiempo* (cronológico), Dios envió a su Hijo, nacido de mujer y nacido bajo la ley".[219] Además de que Jesús nació en Belén de Judea en el tiempo exacto, cuando el apóstol pablo habla de que fue nacido de mujer, afirma tanto la divinidad como la humanidad de Jesús.

Una divinidad y humanidad que cumple con los requisitos de la Ley Mosaica y levítica y le pone fin a los principios esenciales que deberíamos de cumplir como el niño que tiene que cumplir con los requisitos familiares o el esclavo que debe obedecer en todo a su amo.

El profesor de Estudios Religiosos en la Universidad de North Park en Chicago, Illinois, Dr. Scot McKnight, dice que, "la expresión 'se cumplió el plazo'- o *el cumplimiento del tiempo* -representa la finalización de los 'principios esenciales' que se mencionan en el versículo tres – de Gálatas 4 -, Dios envio a su Hijo, y este vino bajo la ley (aunque no bajo el pecado) para llevar sobre sí la maldición de la ley, para satisfacer la ira de Dios y para redimir a quienes están bajo la ley. Cuando el Hijo cumplió esta tarea, la barrera que había entre Dios y las personas

---

[219] Gálatas 4:4, (RV, 1960).

(y entre las personas entre sí), fue derribada y estas pudieron convertirse en 'hijos de Dios'."[220] Toda esta tarea se realizó a su tiempo y así, se llevó a cabo el cumplimiento cronológico.

Volvamos a las profecías bíblicas. Por ejemplo, ya sabemos que la profecía de Isaías fue escrita aproximadamente setecientos años antes del nacimiento de Jesucristo (Cronología). Esto es que, el nacimiento de un niño que llevaría el nombre de *Admirable*, de acuerdo con el profeta Isaías, fue profetizado setecientos años antes de que Dios se encarnara y, cuando lo hizo, se realizó el cumplimiento cronológico; Ni antes, ni después. ¡Todo a su tiempo! ¡Esto es admirable! Es la obra del *Dios Admirable* que fue profetizado por el profeta Isaías.

Les dije en otra parte de este libro que el Pastor Rick Warren, comentó que el nacimiento de Jesucristo dividió la historia en a.C. y d. C., Esto también es admirable. ¡Y sí que lo es! Notemos, por ejemplo el siguiente comentario: "Entre las fuerzas que han dado forma a la civilización occidental, la historia de Jesús figura como una de las más poderosas. Desde que comenzó a ser relatada – en los días, quizás horas, que siguieron a su muerte – ha desplegado una influencia imposible de calcular; ha labrado el curso

---

[220] Scot McKnight. *Comentarios bíblicos con Aplicación: GALATAS: del texto bíblico a una aplicación contemporánea.* (Nashville, TN. Editorial Vida. 2015), 238-239.

del Cristianismo y su visión del mundo y de Dios. Incluso quienes pertenecen a las ricas tradiciones no cristianas que forman parte del mosaico de la cultura occidental, han sido inevitablemente tocados por las grandes fuerzas históricas que la gesta de Jesús activo".[221] Una vez más, aun la literatura no bíblica, asegura que las *'fuerzas históricas'* del nacimiento y presencia de Jesús en la historia y en un lugar geográfico, es de acuerdo al cumplimiento cronológico establecido por el *Dios Admirable*.

El cumplimiento cronológico del nacimiento de Jesús en Belén de Judea está probado por la Historia, la literatura no bíblica, por la Biblia, por la Teología Cristiana, por la Geografía y por la Tradición Cristiana. ¡Esto es también Admirable! Es algo para que en los días invernales podamos decir con toda seguridad que la Celebración de la Navidad no es ningún mito. Así que, sin ninguna restricción, hoy podemos decirle a Jesucristo; *¡Feliz Navidad!*

II.- EL DIOS ADMIRABLE SE HIZO EMMANUEL.

El niño que nació en Belén de Judea de acuerdo con las profecías y en el cumplimiento cronológico, pasó su infancia y juventud en Nazaret. "En el siglo

---

[221] Gonzalo Ang. *Jesús y su tiempo*. (México. Reader's Digest, México S.A de C. V. 1988), 6.

I d. C., la gran mayoría de los galileos vivían en pueblos campesinos donde la labranza determinaba cada aspecto de la vida cotidiana: las tradiciones y costumbres, los días de santificación y las creencias. Tal era Nazaret, hogar de la infancia de Jesús, en lo alto de una resguardada cuenca a unos 400 metros sobre el nivel del mar: Las colinas que rodena Nazaret forman parte de una estribación caliza que marca el límite de la Baja Galilea".[222]

Nazaret se encuentra sobre la ruta de caravanas que viajaban desde Egipto hacia Roma y viceversa. Es muy posible que esta fue la ruta que José y María usaron para regresar de Egipto después de la muerte de Herodes I el Grande.

Recodemos que cuando Jesús nació en Belén de Judea, unos sabios del oriente llegaron a Jerusalén para adorar al recién nacido Rey de Israel. Lo buscaron, como era lógico, en la capital del reino, pero allí fueron informados que había nacido en Belén. Se encaminaron hacia la aldea con la recomendación del rey Herodes de que si lo encontraran volvieran para que le dijeran donde estaba el recién nacido rey. Pero, un ángel les avisó de las malas intenciones de Herodes y, después de adorar al *Dios Admirable*, y

---

[222] Gonzalo Ang. *Jesús y su tiempo*. (México. Reader's Digest, México S.A de C. V. 1988), 91.

de darle sus regalos, volvieron por otro camino a su tierra.[223]

Es bien sabido que "el nacimiento de otro rey de los judíos constituía un reto para Herodes – y más ahora que este nuevo Rey tenia el nombre de *Admirable* -. Varios atentados contra su vida habían estado muy cerca de poner fin a su reinado. Para mantener el poder, Herodes recurría a la diplomacia, a los políticos más influyentes de Roma y a una constante vigilancia contra sus enemigos.

Nada lo detenía para aplastar a sus posibles rivales. Viejo, cansado y quizá enloquecido por el rigor de su enfermedad, se valía de cualquier medio para averiguar lo que le interesaba".[224] Por ejemplo, Mateo dice que cuando se enteró que el nuevo Rey de Israel había nacido en Belén de Judea, "convocó a los sabios a una reunión privada y, por medio de ellos, se enteró del momento en el que había aparecido la estrella por primera vez. Entonces les dijo: 'Vayan a Belén y busquen al niño con esmero. Cuando lo encuentren, vuelvan y díganme dónde está para que yo también vaya y lo adore'."[225] El mismo Mateo dice que los sabios, avisados por "revelación en sueños

---

[223] Mateo 2:1-12.

[224] Gonzalo Ang. *Jesús y su tiempo*. (México. Reader's Digest, México S.A de C. V. 1988), 28.

[225] Mateo 2:7-8, (NTV).

que no volviesen a Herodes, regresaron a su tierra por otro camino".[226]

Al verse burlado por los sabios, "frenético, Herodes mandó matar a todos los niños betlemitas de dos años de edad o menor, es decir, todo varón nacido a partir de cuando por primera vez fue vista la 'estrella'. A juzgar por los cálculos referentes a la población y la tasa de natalidad de Belén durante el siglo I d.C., probablemente fueron inmolados unos veinticinco niños. Mateo cita al respecto a Jeremías (31:15): 'Una voz se oye en Ramá, lamentación y gemido grande; es Raquel que llora a sus hijos y rehúsa ser consolada, pues ya no existen".[227]

Jacob y su familia, por orden de Dios, llegó para vivir en Belén, allí murió Débora, la nodriza de Raquel. "Después se fueron de Betel. Cuando aún estaban lejos de Efrata, Raquel comenzó a dar a luz y sufría terribles dolores de parto. Mientras sufría esos terribles dolores de parto, la partera le dijo: 'No te asustes, estás dando a luz a otro hijo'. Raquel murió al dar a luz. Antes de morir llamó a su hijo Benoni, pero su papá lo llamó Benjamín. Así murió Raquel, y la sepultaron en el camino que va hacia Efrata, que es Belén".[228]

---

[226] Mateo 2:12, (RV, 1960).

[227] Gonzalo Ang. *Jesús y su tiempo.* (México. Reader's Digest, México S.A de C. V. 1988), 30.

[228] Génesis 35:16-19, (NVI).

Pues bien, antes de que esto sucediera, José fue avisado por un ángel para que escapara de Belén y se fuera a vivir a Egipto. En parte para salvarle la vida Jesús y, por otro lado, para que se cumpliese la Escritura de la profecía de Oseas que dice que "de Egipto llamé a mi hijo".[229]

"Herodes era ya un anciano cuando José y María todavía se encontraban viviendo en Egipto. La pareja de nazarenos y el niño de Belén, al parecer disfrutaban de su estancia en Egipto mientras que, en Jerusalén, "los achaques de Herodes se transformaron en una grave enfermedad que no es posible determinar con exactitud a partir de lo que nos dice Flavio Josefo. De ella se hablaba en los términos más espeluznantes (gangrena, infestación de gusanos en las partes pudendas, comezón incontenible, convulsiones severas, ulceras en las entrañas, etc). Los azorados médicos no podían hacer nada. Las famosas aguas termales de Calliroe, en la ribera del Mar Muerto, no surtieron efecto. Cuando el monarca fue sumergido en una tina de aceite caliente (lo que creían que era un buen remedio) se desmayó del dolor".[230]

Y, al fin, el monarca murió en medio de sus terribles dolores. A pesar de su crueldad y sus múltiples asesinatos, "Herodes fue sepultado con

---

[229]	Mateo 2:13; Oseas 11:1, (NVI).

[230]	Gonzalo Ang. *Jesús y su tiempo*. (México. Reader's Digest, México S.A de C. V. 1988), 88.

la pompa y el esplendor propios de un emperador. Lentamente, el cortejo fúnebre partió de Jericó, cruzó los montes de Judea y llegó a Herodión. Allí, en la fortaleza que lleva su nombre, el Rey Herodes el Grande fue enterrado".[231]

¿Este relato es un mito? ¿Por supuesto que no! ¡Es historia! Es una historia que apoya *El Natalicio* de Jesús en Belén de Judea. Es una historia que nos apoya cuando le celebramos a Jesucristo *Su Natalicio*. Es una historia de la cual el Evangelista Mateo también la registra diciendo que: "Jesús nació en Belén, un pueblo de la región de Judea, en el tiempo en que Herodes era rey del país ... Pero después que murió Herodes, un ángel del Señor se le apareció en sueños a José, en Egipto, y le dijo: 'Levántate, toma contigo al niño y a su madre, y regresa a Israel, porque ya han muerto los que querían matar al niño'."[232]

Es, pues, la historia de un personaje político romano que hace referencia al nacimiento de Jesucristo en la que nos basamos para decir que la Celebración de la Navidad no es un mito, sino una historia tan real como el nacimiento tuyo y mío. Es una historia confirmada por los escritores como los evangelistas Mateo y Lucas, el historiador judío Flavio Josefo, William Barclay, Ernesto Trenchard, Gonzalo Ang,

---

[231] Gonzalo Ang. *Jesús y su tiempo*. (México. Reader's Digest, México S.A de C. V. 1988), 89.

[232] Mateo 2:1, 19-20: Hechos 12:23, (DHH).

Beatriz E. Avalos Chávez, Cecilia Chávez Torroella, Berenice Flores, Alma Delia González Valle, Irene Paiz, Arturo Ramos Pluma, Myriam Rudoy y, otros más. Es decir que *El Natalicio* del *Dios Admirable* en Belén de Judea no es un mito, es historia pura; es verdad bíblica y es una tradición literaria en la que le celebramos el cumpleaños a Jesucristo y por eso decimos: *¡Feliz Navidad!*

Así, pues, mientras un rey se opacaba otro comenzaba a manifestar el por qué uno de sus nombres es *Admirable*. Vivía en Nazaret y era uno de los habitantes que desempeña un trabajo como otros más lo hacían; la carpintería o la obra de artesano.

Cuando Jesús fue concebido en el vientre de María, José, perturbado por el embarazo de su prometida fue consolado por un ángel que le explicó lo sucedido y que María tendría un hijo "y que le pondría por nombre Jesús, porque él salvaría a su pueblo de sus pecados".[233]

Luego el Evangelista Mateo dice que: "Todo esto sucedió para que se cumpliera lo que el Señor había dicho por medio del profeta: 'La virgen concebirá y dará a luz un hijo, y lo llamarán Emanuel' (que significa 'Dios con nosotros')".[234] ¡Maravilloso! ¡El *Dios Admirable* se hizo Emmanuel! ¡Se hizo uno de nosotros!

---

[233]	Mateo 1:21, (NVI).

[234]	Mateo 1:22-23, (NVI).

Esta faceta del *Dios Admirable* la enfatizó después de su resurrección en la despedida de sus amados discípulos al decirles: "—Se me ha dado toda autoridad en el cielo y en la tierra. 19 Por tanto, vayan y hagan discípulos de todas las naciones, bautizándolos en el nombre del Padre y del Hijo y del Espíritu Santo, 20 enseñándoles a obedecer todo lo que les he mandado a ustedes. *Y les aseguro que estaré con ustedes siempre,* hasta el fin del mundo".[235] ¡Esto es Emmanuel! Y, ¡esto no es un mito! ¡Es el mismo *Dios Admirable* que nació en Belén de Judea viviendo con y entre nosotros! Es el mismo *Dios Admirable* que le festejamos *Su Natalicio,* no con las palabras *"Felices Fiestas",* sino con una: *¡Feliz Navidad!*

III.- EL DIOS ADMIRABLE
ENTRE LA PROFECÍA.

Para afirmar que la Celebración de *La Navidad* o del *Natalicio* de Jesucristo no es ninguna clase de mito, las Sagradas Escrituras se encargan de llevarnos desde los mismos orígenes del ser humano en donde la presencia literaria e histórica hace referencia a la llegada de un Ser Divino cuyo nombre sería *Admirable.* Desde los mismos orígenes de la humanidad hasta el sucio pesebre en la aldea de

---

[235] Mateo 28:18b-20, (NVI). Las **bolds** e *itálicas* son mías.

nombre Belén en el territorio de Judá que, en aquel inicio del Primer Siglo de la Era Cristiana, estaba siendo gobernada por el rey asmoneo, Herodes I el Grande.[236] No, ¡El *Natalicio* de Jesús en Belén de Judea no es un mito! ¡Es algo histórico y Bíblico! (Vea la nota de pie de página).

La seguridad histórica, bíblica, teológica y profética del *Natalicio* de Jesús, el hijo de María de Nazaret la podemos confirmar con los relatos del Antiguo Testamento, el cual nos comunica que el Mesías de Dios, el Hijo con el nombre Admirable, tendría, entre otras muchas cosas, las siguientes cinco dimensiones proféticas. Son facetas que presentan al Dios Admirable entre la profecía del Antiguo Testamento.

A.- Nacería de una virgen.

Aunque parezca cansarlos con la repetición de esta profecía de Isaías; se las vuelvo a repetir.

---

[236] Wikipedia. La Enciclopedia Libre. *Herodes I el Grande.* Herodes (en hebreo סוֹרְדֹה, Hordos; en griego Ἡρῴδης, Hērōdēs), también conocido como Herodes el Grande (en griego Μέγας Ἡρῴδης) o Herodes I (probablemente en la región de Idumea; 73/74 a. C.-Jericó, región de Judea; 4 a. C.), fue rey de Judea, Galilea, Samaria e Idumea entre los años 37 a. C. y 4 a. C.6 en calidad de vasallo de Roma. Fue conocido por sus proyectos constructivos colosales, entre los que están la expansión del Segundo Templo de Jerusalén (el Templo de Herodes), la construcción del puerto de Cesarea Marítima y las fortalezas de Masada y Herodión. Hay detalles de su biografía en la obra del historiador romano-judío del siglo i Flavio Josefo. Herodes también aparece en el Nuevo Testamento cristiano como el gobernante de Judea que ordenó la matanza de los Inocentes en la época del nacimiento de Jesús. Creó una nueva aristocracia prácticamente de la nada. La historia de su legado ha suscitado opiniones diversas, de académicos que consideran su reinado un éxito y de los que lo consideran un gobernante tiránico. (La Habra, California. Internet. Consultado el 27 de marzo del 2023), ¿? https://es.wikipedia.org/wiki/Herodes_I_el_Grande

Dijo el profeta: "La virgen concebirá y dará a luz un hijo …".[237] Sin ninguna duda, el profeta Isaías asegura categóricamente que, el Mesías, que nacería de María, era algo seguro, que era algo futuro y, quera también algo dentro de los decretos de Dios. Isaías había, pues, profetizado de la llegada a este mundo de un Dios que sería *Admirable*, es decir que sería un rey que, con mucha sabiduría podría planear hechos maravillosos. Y, los planeo y los hizo.

Por ejemplo, fue a una boda en Caná de Galilea, un pueblo muy cerca al norte de Nazaret en donde Jesús vivía. Fue allí en donde Jesús convirtió el agua en vino y, su fama comenzó a crecer.[238] El apóstol Juan dice que: "Esta fue la primera de sus *señales*, la hizo Jesús en Caná de Galilea. Así reveló su gloria, y sus discípulos creyeron en él".[239] Notemos que Juan no dice que fue un milagro sino una "*señal*". Es decir que, "el milagro no fue un hecho espectacular para ser visto y admirado, sino una señal que apuntaba hacia Jesús y reveló quien era él en realidad".[240] ¡Era el Dios *Admirable* que hizo algo admirable! Era, pues, el hijo de María, así lo dijo Juan pues, hace notar que en la boda "estaba allí la madre de Jesús" … y que "la madre de Jesús le dijo:" a Jesús …

---

[237] Isaías 7:14, (RV, 1960).

[238] Juan 2:1-12.

[239] Juan 2:11, (NVI).

[240] Nota de pie de página en la *Biblia de Estudio Esquematizada. RV, 1960.* (Brasil. Sociedades Bíblicas Unidas. 2010), 1562.

Y luego de hablar con Su hijo, "Su madre dijo a los que servían".[241] ¡El Dios *Admirable* estuvo allí, en esa boda, juntamente con su madre y sus discípulos!

Esta primera *señal* de Jesús confirma una vez más lo que dijo el profeta Isaías en otra profecía: "Por eso, el Señor mismo les dará una señal: La virgen concebirá y dará a luz un hijo ..."[242] Esto es que, el Mesías de Dios llegaría a este mundo por medio de una virgen. Y, así fue. Nació de María en un establo en Belén de Judea. Hoy, podemos, pues, gritar de alegría por su nacimiento virginal, diciendo: *¡Feliz Navidad!*

2.- Sería un primogénito.

Fue en Nazaret en donde Jesús vivía que encontró por primera vez la falta de fe.[243] Sus paisanos, al escuchar sus enseñanzas ver los milagros que El hacia comenzaron a interrogarse, diciendo: "¿De dónde sacó toda esa sabiduría y el poder para realizar semejantes milagros? Y se burlaban: 'Es un simple carpintero, hijo de María y hermano de Santiago, José, Judas y Simón. Y sus hermanas viven aquí mismo entre nosotros'."[244] Jesús era el mayor de

---

[241]   Juan 2:1, 3, 5.

[242]   Isaías. 7:14, (RV, 1960).

[243]   Comentario en la *Biblia de Estudio Esquematizada, RV, 1960*. (Brasil. Sociedades Bíblicas Unidas. 2010), 1454

[244]   Marcos 6:2-3, (NTV).

todos sus hermanos y hermanas; esto es que, era el primogénito.

Notemos que la gente se interrogaba, diciendo: ¿No es este el hijo de María? ¿Acaso no conocemos a sus hermanos y hermanas? "El hecho de que llamaran a Jesús 'el hijo de María' nos sugiere que probablemente José ya había muerto".[245] Y si eso es verdad, ya entendemos por qué Jesús se quedó en Nazaret hasta que cumplió treinta años. Una posibilidad es que, como era el hijo mayor; es decir, el primogénito, tomó la responsabilidad de la familia.

Pues bien, volviendo a *Su Natividad*, decimos que el nacimiento de Jesús, el hijo de María, en la versión del Evangelista Lucas, "es un desafío leer u oír esta historia tan conocida, como si fuera la primera vez, con la sencilla narración de Lucas. El presente que Dios da a la humanidad viene sin mucho alarde. ... - Para cumplir con sus planes, Dios ha usado a personas de la política o incrédulas, como en el caso del nacimiento del Mesías -. El lugar del nacimiento de Jesús está, por así decirlo, determinado por el emperador romano Augusto".[246] Él fue el que dio la orden de que se realizara un censo en su tiempo. Lucas registró ese mandato, diciendo: "Por aquel tiempo, el emperador Augusto ordenó que

---

[245]   William Barclay. *Comentario al Nuevo Testamento. Volumen 3: Marcos.* (Terrassa (Barcelona), España. Editorial CLIE. 1970), 167

[246]   Comentario en la Biblia de Estudio Esquematizada, RV, 1960. (Brasil. Sociedades Bíblicas Unidas. 2010), 1491

se hiciera un censo de todo el mundo. Este primer censo fue hecho siendo Quirinio gobernador de Siria. Todos tenían que ir a inscribirse a su propio pueblo.

Por esto, José salió del pueblo de Nazaret, de la región de Galilea, y se fue a Belén, en Judea, donde había nacido el rey David, porque José era descendiente de David. Fue allá a inscribirse, junto con María, su esposa, que se encontraba encinta. Y sucedió que mientras estaban en Belén, le llegó a María el tiempo de dar a luz. *Y allí nació su hijo primogénito*, y lo envolvió en pañales y lo acostó en el establo, porque no había alojamiento para ellos en el mesón".[247]

¿Es esto un mito? Cuando Lucas hace mención del emperador Augusto, del gobernador de Siria Quirinio, de un hombre llamado José, de un pueblo llamado Nazaret, de la región de Galilea, de un pueblo llamado Belén en Judea, de un rey llamado David, de una joven embarazada de nombre María y de un establo, no existe ninguna duda de que el Natalicio del Ser divino que llevaría por nombre Admirable, está comprobado por la Historia, por la Geografía, por la Sociología y aun por la Biología. No, la Celebración de *La Natividad* de Jesús no es ningún mito. Por eso, podemos decirle a Jesús en estos días invernales: *¡Feliz Navidad!*

---

[247] Lucas 2:1:7, (DHH). Las **bolds** e *itálicas* son mis.

3.- Sería descendiente de la tribu de Judá.

¡Ah, la sabiduría de Dios! Nada dejó a la imaginación en relación con el nacimiento de Jesucristo en Belén de Judea. No solamente nacería de una virgen, para llegar a ser el primogénito de María, sino que, además, el niño de Belén de Judea sería parte de la genealogía de los descendientes de uno de los hijos de Jacob, de nombre Judá.

El escritor de la Carta a los Hebreos dice: "Porque es bien sabido que nuestro Señor vino de la tribu de Judá, ...".[248] El Evangelista Lucas dijo que Jesús nació en Belén de Judea por causa de una orden real. Es decir que, "el lugar del nacimiento de Jesús fue anunciado en parte determinado por la realización de un censo, probablemente un medio de confeccionar un registro para el pago de impuestos. El desplazamiento de todos los ciudadanos 'al pueblo de donde era su familia para que anotaran sus nombres en una lista' parece haber sido una decisión imperial sensible con las costumbres judías que les permitían registrase en sus pueblos o ciudades de origen. De este modo, José y María se dirigen a Belén un lugar conocido como 'la ciudad de David', según la genealogía de José".[249]

---

[248]   Hebreos 7:14, (DHH).

[249]   Darrell L. Bock. *Comentarios Bíblicos con Aplicación: LUCAS: del texto bíblico a una aplicación contemporánea.* (Miami, Florida. Editorial Vida. 2011), 74-75.

El Pentateuco declara que el sacerdocio le pertenecía a la tribu de Levi, no a la de Judá. Así que cuando el autor de la Carta a los Hebreos hace referencia a que Jesús es descendiente de la tribu de Judá, está refiriéndose a otro tipo de sacerdocio; al de Melquisedec, "de cuya orden de sacerdocio proviene el sumo sacerdote Jesús (Heb. 5:6,10;6:20). El autor de Hebreos se basa en el relato de Génesis 14:17-20, donde Melquisedec es llamado sacerdote del Dios Altísimo (Génesis 14:18). – Así que, para el autor de Hebreos – nuestro sumo sacerdote Jesús y Melquisedec tienen mucho en común (7:15), especialmente el hecho de vivir para siempre".²⁵⁰

Entonces, pues, cuando el escritor de la Carta a los Hebreos anuncia que "... *es bien sabido que nuestro Señor vino de la tribu de Judá"*, "el sacerdocio en el está interesado es diferente – del de Levi -, no sólo porque lo ejerce uno que vino de otra tribu distinta a la de Levi, sino también porque no se ejerce en la tierra: Pertenece al orden eterno, no al mundo material".²⁵¹

Así es que, el niño que nació en Belén de Judea de la joven María es, además de un Ser *Admirable*, también es nuestro sumo sacerdote para siempre.

---

²⁵⁰   Comentario en la *Biblia de Estudios Esquematizada. RV, 1960.* (Brasil. Sociedades Bíblicas Unidas. 2010), 1834.

²⁵¹   F. F. Bruce. *La Epístola a los Hebreos.* Trd. Marta Márquez de Campanelli y Catharine Feser de Padilla. (Grand Rapids, Michigan. Nueva Creación. Filial de William B. Eerdmans Publishing Company. 1987), 149.

Esto merece que, al Celebrar *La Natividad* del Dios *Admirable*, hoy podamos decirle a Jesucristo: *¡Feliz Navidad!*

4.- Nacería en la aldea de Belén de Judea.

Es el profeta Miqueas el encargado de señalar el lugar geográfico del nacimiento del Dios *Admirable*. Él lo anuncio, diciendo: "Pero tú, oh, Belén Efrata, eres solo una pequeña aldea entre todo el pueblo de Judá. No obstante, en mi nombre, saldrá de ti un gobernante para Israel, cuyos orígenes vienen desde la eternidad".[252]

La explicación sobre esta profecía geográfica se relata en el último capítulo de este libro con el título: *En Belén de Judea.*

5.- Sería adorado por gentiles; Es decir que reyes le traerían regalos.

La interesante historia de los sabios que llegaron a Jerusalén desde el oriente con el fin de adorar al recién nacido Rey de Israel que narra el Evangelio de Mateo,[253] tiene su antecedente profético entre los cantores del pueblo de Israel. En el Libro de los Salmos leemos que: "Los reyes occidentales, de Tarsis y de otras tierras distantes, le llevarán tributo.

---

[252] Miqueas 5:2, (NVI).

[253] Mateo 2:1-12.

Los reyes orientales, de Saba y de Seba, le llevarán regalos. Todos los reyes se inclinarán ante él, y todas las naciones le servirán".[254] El Salmo 72 es un Salmo mesiánico. Habla, entre otros asuntos, de que el reinado del Mesías tiene "un alcance geográfico global". Habla de los reyes de Tarsis "que puede ser un lugar en España... Saba, que también se menciona era una nación de Arabia de donde llegó la reina que visitó a Salomón (I Reyes 10:1-10). Saba se encuentra al Oeste del Mar Rojo en el área de Etiopia. El tema de que los pueblos del mundo vienen a adorar a Dios en Jerusalén se encuentra varias veces en el AT".[255]

El hecho de que el niño que nació en Belén de Judea sería adorado por gentiles, también fue profetizado por el profeta Daniel. Daniel, en una de sus visiones, "vio 'un Anciano de días' sentado en su trono, en el cielo, lista para juzgar a la humanidad".[256] "En esa visión nocturna – dice Daniel -, vi que alguien con aspecto humano venía entre las nubes del cielo. Se acercó al venerable Anciano y fue llevado a su presencia, y se le dio autoridad, poder y majestad. ¡Todos los pueblos, naciones y lenguas lo adoraron!

---

[254]   Salmo 72:10-11, (NTV).

[255]   Daniel Carro, José Tomás Poe y Rubén O, Zorzoli. Editores Generales. *Comentario Bíblico Mundo Hispano. Tomo 8. SALMOS.* (El Paso, Texas. Editorial Mundo Hispano. 2007), 248-249.

[256]   Comentario en la Biblia de Estudio Esquematizada. RV, 1960. (Brasil. Sociedades Bíblicas Unidas. 2010), 1277

¡Su dominio es un dominio eterno, que no pasará, y su reino jamás será destruido!"[257]

Todos, en un día no muy lejano, adoraran de una u otra manera al que es Dios *Admirable*. Y si no lo adoran, aun así, se darán cuenta que el niño que nació en Belén de Judea ES un Ser *Admirable*.

Así que, como hemos hecho notar, toda esta historia profética acerca del Mesías de Dios, o, del niño que nació del vientre de la joven María y que el Antiguo Testamento, había anunciado en diferentes épocas y con diferentes profetas, es una revelación verdadera. ¡Es la revelación del Dios *Admirable!*, al cual, hoy, le decimos: *¡Feliz Navidad!*

CONCLUSIÓN.

Así que, llegamos a la conclusión de este mensaje profético en donde Jesucristo, el Mesías de Dios, que fue profetizado mucho tiempo antes de nacer, llevaría el nombre de: ¡*Admirable!*

Y es *Admirable* porque tanto su nacimiento virginal como su nombre: *Dios Admirable,* fueron profetizados miles de años antes de que José y María viajaran a la aldea de Belén de Judea para que allí naciera el *Dios Admirable.* ¡Eso sí que fue admirable!

También lo fue el que *El Dios Admirable* se dispusiera a vivir ente nosotros, los seres corruptos y

---

[257] Daniel 7:13-14, (NVI).

llenos de maldad. ¿Acaso no esto Admirable? El Dios Todo Santo se hizo *Emmanuel* (Dios con nosotros) para vivir, sentir y sufrir todo lo que son los azotes del pecado y la esclavitud de él aunque, recordemos que Jesús vivió entre nosotros los pecadores pero sin pecado.

El otro aspecto de lo interesante del *Dios Admirable* es que, de una manera milagrosa cumplió, desde que fue concebido en el vientre de la joven María, y desde su mismo nacimiento en la pequeña aldea de Belén de Judea, hasta llegar a ser adulto y morir en la cruz en el Monte Calvario, todas las profecías relacionadas con el Mesías de Dios o del *Dios Admirable*.

Así que, *El Dios Admirable*, por decirlo esta manera, se movió entre la Profecía Bíblica.

Fueron Profecías Bíblicas que estaban empapadas de la Historia, de la Geografía, de la vida social judía y gentil. Fueron profecías empapadas de la vida política y religiosa que, hacen una base solida para asegurar que la Celebración de *La Navidad* no es un mito; no es ningún cuento de hadas o de duendes ni de las mitologías babilónicas, griegas o romanas. Es una historia real en la que celebramos el *Natalicio* de Jesucristo y, por eso, decimos: *¡Feliz Navidad!*

DIOS CONSEJERO

*"Porque un niño nos es
nacido, hijo nos es dado, y el
principado sobre su hombro;
y se llamará su nombre
Admirable, **Consejero**, ...".*

saías 9:6, (NVI).

INTRODUCCIÓN.

¡Todos necesitamos ser aconsejados para resolver ciertos problemas! Todos, para bien o para mal, en nuestra vida recibimos consejos de diferentes maneras. Roboam, uno de los hijos del rey Salomón necesitaba un consejo para resolver un problema del reino que acaba de heredar, pero no le pidió consejo al *Dios Consejero* y fracaso.

"El reino de Salomón abarcaba desde el río Éufrates hasta la costa del mar Mediterráneo y la frontera con Egipto".[258] ¡Un gran imperio! Salomón llegó a ser el hombre más rico del mundo, pero, con su riqueza, fue necesaria la servidumbre. El Estableció que cada tribu de Israel lo alimentara a él y todo su palacio durante un mes; la gente de Israel

---

[258] Comentario en la *Biblia de Estudios Esquematizada. Reina Valera, 1960.* (Brasil. Sociedades Bíblicas Unidas. 2010), 490. I Reyes 4:21; 2 Crónicas 9:26

trabaja durante once meses para mantener al rey y su palacio durante un mes.

Salomón murió y entonces, "en 931 a. C., con cuarenta y un años de edad, Roboam hijo de salomón, se convierte en rey de Israel".[259] Un día los israelitas se presentaron ante él para pedirle que disminuyera la dura servidumbre que Salomón había impuesto. Roboam pidió el consejo de los ancianos que habían estado con Salomón y estos le dijeron que tratara bien al pueblo y que ellos sintieran que él estaba en el trono para servirles. Roboam escuchó este consejo, pero más tarde pidió el consejo de los jóvenes que se habían criado con él. "Aquellos jóvenes, que se habían criado con él, le contestaron: —Este pueblo le ha dicho a Su Majestad: 'Su padre nos impuso un yugo pesado; hágalo usted más ligero'. Pues bien, respóndales de este modo: 'Mi dedo meñique es más grueso que la cintura de mi padre. Si él les impuso un yugo pesado, ¡yo les aumentaré la carga! Y, si él los castigaba a ustedes con una vara, ¡yo lo haré con un látigo!'".[260] Este segundo consejo fue un consejo para la ruina.

Siguiendo, pues, el consejo de los jóvenes, Roboam le dijo al pueblo: "Si él – Salomón - les impuso un yugo pesado, ¡yo les aumentaré la carga!

---

259   Comentario en la *Biblia de Estudios Esquematizada. Reina Valera, 1960.* (Brasil. Sociedades Bíblicas Unidas. 2010),

260   I Reyes 12:10-11, (NVI).

Y, si él los castigaba a ustedes con una vara, ¡yo lo haré con un látigo!"[261]

Además, Roboam nunca pidió el consejo del *Dios Consejero* y, por lo tanto, el pueblo se rebeló y: "Desde entonces Israel ha estado en rebelión contra la familia de David".[262] ¡Roboam siguió un mal consejo! Aunque todos los días del año necesitamos la consejería divina, como que al final del año la necesitamos mucho más. Esta es una de las razones por las cuales los practicantes de las Ciencias ocultas hacen gran negocio con sus consejos satánicos o mentirosos. Las uvas, los calzoncillos y pantaletas de colores, las veladoras, los imanes, las lecturas de las cartas, El zodiaco, las figurillas del signo zodiacal personal, las piedras sagradas de colores, los collares, las imágenes de los santos, los tés y otras bebidas, y muchos otros amuletos son un gran negocio porque todo mundo quiere saber que le espera en el siguiente año y como protegerse de la adversidad.

Algunos de ustedes recuerdan que en diciembre del año pasado algunos hablaron del fin del mundo. Ya lo habían hecho en los meses de noviembre y diciembre del año 1999, porque se cumplía un milenio; y con ese cumplimiento, vendría el fin del mundo. Creyendo en las falsas profecías de Nostradamus el cual profetizó el fin del mundo para

---

[261] I Reyes 12:11, 14, (NVI).

[262] I Reyes 12:19, (NVI).

ese año. Nostradamus había profetizado que, en el año 1999, en el mes séptimo, vendrá del cielo un gran Rey de espanto, y que Marte reinaría con buena dicha. Pero ya estamos en 2023 y el *Rey de espanto*, no ha llegado. En fin, la fecha pasó y al parecer la profecía falló.

La que no falló fue la profecía de Isaías 9:6. La Historia Universal y la Biblia prueban que el *Dios Consejero*, profetizado por Isaías nació en Belén de Judá cuando Herodes era el rey entre los judíos. Es decir que *El Natalicio* de Jesucristo, ¡no es un mito! El nacimiento del *Dios Consejero* en Belén de Judea, ¡No es un mito! ¡Es historia! ¡Es verdad bíblica! Así que, cuando celebramos *La Natividad* de Jesús, es un gran motivo para decir: *¡Feliz navidad!*

Pues bien, ¿cuántos fracasos hemos tenido durante este año por el simple hecho de no haber pedido el consejo del *Dios Consejero*? Y, por cierto, ¿cómo nos aconseja el *Dios Consejero*? Nos aconseja de diferentes maneras, pero hoy quiero que pensemos en tres maneras en las que el *Dios Consejero* nos ayuda con sus sabios consejos a ser mejor hombres y mujeres de Dios.

I.- NOS ACONSEJA EN EL CÓMO ORAR.

Uno de los gigantes en la oración en la Biblia, aparte de la persona que nació en un pesebre en la aldea de Belén de Judá, fue el rey David. En una de sus oraciones dice: "Tarde y mañana y a mediodía oraré y clamaré, y él oirá mi voz".[263] El apóstol Pablo, otro de los gigantes en la oración les dijo a los cristianos de Tesalónica: "Nunca dejen de orar".[264]

Siempre debemos de orar. Sin embargo, la pregunta de hoy es: ¿Sabemos cómo orar para recibir la respuesta del *Dios Consejero*? En 1993, cuando la tecnología todavía no alcanzaba el desarrollo que hoy tenemos, un escritor de ese tiempo cuenta con mucho entusiasmo y, dice: "uno de los artículos tecnológicos más fascinantes en mi mesa de trabajo es un módem.[265] Permite a mi ordenador hablar con otro ordenador en cualquier lugar del país. Todo lo que tengo que hacer es ponerlo en marcha, marcar el numero adecuado, y mi información pasa en el acto por línea telefónica a otro ordenador.

Bueno, hay un pequeño problema. La persona que opera el ordenador al otro extremo tiene que poner su ordenador en marcha. Si no, no se comunica nada.

---

[263]   Salmo 55:17, (RV, 1960), 506

[264]   I Tesalonicenses 5:17, (NTV).

[265]   Enciclopedia. *Definición de Módem.* Aparato que convierte las señales digitales en analógicas y viceversa, y que permite la comunicación entre dos computadoras a través de una línea telefónica o de un cable. Hoy en día quedó obsoleto a merced de los grandes avances que existen en el campo de la informática, pero fue extremadamente útil en el pasado. (La Habra, California. Internet. Consultado el 15 de diciembre del 2022), ¿? https://enciclopedia.net/modem/

Así que la recepción de los datos no es totalmente automática".[266]

Recuerda que, en 1993, la tecnología de comunicaciones no estaba tan avanzada como hoy la tenemos. En nuestro tiempo, la tecnología celular y el internet nos facilita la comunicación, aunque no tengamos el celular o el computador encendidos existe la comunicación. En 1993 el módem y los beepers que, "aunque fueron inventados por la compañía Multitone Electronics en el año 1956 para el Hospital de St Thomas de Londres, alcanzaron su máxima popularidad durante los años ochenta y noventa".[267] Es decir que, para 1993, el módem era una novedad de comunicación. Repito, hoy, la comunicación popular es la tecnología celular.

Con la tecnología celular nos comunicamos a cualquier parte del mundo, pero ¿cómo nos comunicamos con Dios? La mejor manera es por medio de la oración. "La oración está disponible las 24 horas del día – y también de noche –. El salmista decía que podía comunicarse con Dios por la tarde, a la mañana y al mediodía. Esto es que podemos hablar con Dios sin notificación por adelantado y sin

---

[266]   J. D. B. *Siempre le llega a Él.* (Nuestro Pan diario: Julio-agosto-septiembre-octubre-noviembre-diciembre. (Horeb en Villadecalvalls (Barcelona), España Publicado por M. C. E. 1993). Devocional del día 30 de septiembre sobre el Salmo 55:16-23.

[267]   Adriano Doniez. *Una breve historia del beeper.* (La Habra, California. Internet. Artículo publicado el 22 de marzo del 2012 a las 12:00 hrs. Consultado el 15 de diciembre del 2022), ¿? https://www.fayerwayer.com/2012/03/una-breve-historia-del-beeper/

ningún dispositivo físico".[268] La oración es un medio de comunicación personal. Es hablar directamente con Dios. "Dios no usa un contestador automático; recibe cada llamada de manera personal".[269] Y al recibir nuestra oración, el *Dios Consejero* nos dice lo que debemos de hacer.

Aunque la oración sea un medio de comunicación personal, la pregunta de hoy sigue en pie: ¿Sabemos cómo orar para recibir la respuesta del Dios Consejero? Todos podemos orar. Pero, "cuando oremos, debemos siempre recordar tres cosas.

A.- Debemos de recordar *el amor de Dios*, que siempre desea sólo lo mejor para nosotros".[270]

La Biblia nos dice que Dios, además de ser un experto en la consejería, también es amor.[271]

El verbo exceder significa "sobrepasar un límite marcado, ir más allá de lo que se necesita. Por

---

[268] J. D. B. *Siempre le llega a Él.* (Nuestro Pan diario: Julio-agosto-septiembre-octubre-noviembre-diciembre. (Horeb en Villadecalvalls (Barcelona), España Publicado por M. C. E. 1993). Devocional del día 30 de septiembre sobre el Salmo 55:16-23.

[269] J. D. B. *Siempre le llega a Él.* (Nuestro Pan diario: Julio-agosto-septiembre-octubre-noviembre-diciembre. (Horeb en Villadecalvalls (Barcelona), España Publicado por M. C. E. 1993). Devocional del día 30 de septiembre sobre el Salmo 55:16-23.

[270] William Barclay. *Comentario al Nuevo Testamento. Volumen 11: Filipenses, Colosenses, 1ra y 2da Tesalonicenses.* Trd. Alberto Araujo. (Terrassa (Barcelona), España. Editorial CLIE. 1970), 104

[271] 1 Juan 4:7-19, (Reina-Valera 1960).

ejemplo, si echas más líquido del que un recipiente puede contener, el líquido que no cabe se derrama".[272]

¿Sabías que el amor de Dios excede todo conocimiento, toda ciencia, toda comprensión humana, y de ese amor es que Dios quiere que nosotros estemos rebosando? ¿Cómo es posible que el Creador de todo el universo se haya hecho carne y que vino a nacer en un apestoso pesebre en una insignificante aldea del estado de Judea en Israel? Esto está fuera de la compresión humana. ¿Cómo es posible que el niño que nació en Belén de Judea haya sido profetizado para morir en una cruz para salvar a los pecadores? Esto excede todo conocimiento.

Una seguridad que nos presenta la Biblia es que "el amor de Dios sobrepasa todo conocimiento, y esto es más que cierto, ya que si reflexionamos en eso entendemos que Dios ha derramado su amor por nosotros sin nosotros merecerlo. Nos ha amado con un amor tan excelso que quedamos maravillados de eso".[273] Es, pues, con este amor que excede; amor que sobrepasa todo conocimiento que el *Dios Consejero* nos aconseja como es que debemos de orar.

---

[272]   Joseph Montas. *El amor que excede a todo conocimiento*. (La Habra, California. Internet. Consultado el 16 de diciembre del 2022), ¿? https://restablecidos.com/2019/06/18/el-amor-que-excede-a-todo-conocimiento/?e=1&a=3109&b=1&c=1&d=1&f=1&g=1&h=1

[273]   Joseph Montas. *El amor que excede a todo conocimiento*. (La Habra, California. Internet. Consultado el 16 de diciembre del 2022), ¿? https://restablecidos.com/2019/06/18/el-amor-que-excede-a-todo-conocimiento/?e=1&a=3109&b=1&c=1&d=1&f=1&g=1&h=1

Alguna vez te has preguntado: ¿Hasta dónde puede llegar el amor de Dios? El teólogo y filosofo Agustín de Hipona dijo: "Dios nos ama a cada uno de nosotros como si sólo existiera uno de nosotros, así deberíamos adorar a Dios como el único Dios verdadero".[274] Y, si lo adoramos, lo amamos. Y si lo amamos, entonces estamos en el proceso de ser aconsejados por el *Dios Consejero*. Y, entonces, podemos decirle en Su Cumpleaños: *¡Feliz navidad!*

B.- "Debemos de recordar *la sabiduría de Dios*, Que es el único que sabe lo que es mejor para nosotros".[275]

La sabiduría es "una cualidad atribuida a quien posee una gran cantidad de conocimientos y se distingue por usarlos con prudencia y sensatez".[276] "La sabiduría es característica de aquellos que observan una conducta prudente y sensata en su vida: en los negocios, el trabajo, la familia, las decisiones".[277] Estas virtudes son de nuestra propiedad, Dios nos

---

[274] Joseph Montas. *El amor que excede a todo conocimiento*. (La Habra, California. Internet. Consultado el 16 de diciembre del 2022), ¿? https://restablecidos.com/2019/06/18/el-amor-que-excede-a-todo-conocimiento/?e=1&a=3109&b=1&c=1&d=1&f=1&g=1&h=1

[275] William Barclay. *Comentario al Nuevo Testamento. Volumen 11: Filipenses, Colosenses, 1ra y 2da Tesalonicenses*. Trd. Alberto Araujo. (Terrassa (Barcelona), España. Editorial CLIE. 1970), 104

[276] Significados. *Significado de Sabiduría*. (La Habra, California. Internet. Consultado el 16 de diciembre del 2022), ¿? https://www.significados.com/sabiduria/

[277] Significados. *Significado de Sabiduría*. (La Habra, California. Internet. Consultado el 16 de diciembre del 2022), ¿? https://www.significados.com/sabiduria/

las ha dado, el problema primario es que ni siquiera sabemos que las tenemos y por eso no las usamos y si las usamos, ¡las usamos mal! Para desarrollar una vida prudente y sensata, yo recomiendo que consultemos con el *Dios Consejero*.

"Según la Biblia, Dios es la fuente primordial de toda sabiduría, pues sus enseñanzas 'son la fuente de la sabiduría, y ella nos enseña a obedecer sus mandamientos eternos' (Eclesiástico, I: 5). Además, Dios es omnisciente: todo lo sabe, todo lo conoce, y sólo en Él están todos los secretos de la sabiduría".[278] Así que, si en Dios están *los secretos de la sabiduría,* entonces, Él tiene todas las credenciales para ser el *Dios Consejero,* y también ser el Dios que merece que en estos días le podamos decir: *¡Feliz Navidad!*

C. - "Debemos de recordar *el poder de Dios*, Que es el único que puede hacer que suceda lo que es mejor para nosotros".[279]

El niño que nació en Belén de Judea no sólo era y ES un Dios de amor; un Dios de toda Sabiduría y el Dios Omnisciente, también ES un Dios de *Todo Poder.* Es un Dios de poder del cual hablaremos en el siguiente mensaje. Por lo pronto, la Biblia dice

---

[278]　Significados. *Significado de Sabiduría.* (La Habra, California. Internet. Consultado el 16 de diciembre del 2022), ¿? https://www.significados.com/sabiduria/

[279]　William Barclay. *Comentario al Nuevo Testamento. Volumen 11: Filipenses, Colosenses, 1ra y 2da Tesalonicenses.* Trd. Alberto Araujo. (Terrassa (Barcelona), España. Editorial CLIE. 1970), 104

que el *Dios Consolador*, ¡Es el *Shaddai* del Antiguo Testamento! En una de las apariciones de Dios a Abram, antes de que fuese Abraham, le dijo: "Yo soy el *Dios Todopoderoso*; anda delante de mí y sé perfecto".[280] La Nueva Traducción Viviente dice: "Yo soy *El-Shaddai, "Dios Todopoderoso"*. Sírveme con fidelidad y lleva una vida intachable". Pero, Pastor, ¿Cómo podemos llevar una vida intachable? Creo que la mejor manera es que siempre que necesitemos consejo para dar un paso decisivo en la vida, debemos de consultar con el *Dios Consejero* en oración y en la lectura de la Biblia.

Entonces, pues, "el que ore con una confianza perfecta en el amor, la sabiduría y el poder de Dios encontrará la paz".[281] Una paz que sólo el *Dios Consejero* puede dar.

II.- Nos aconseja por medio de la Biblia.

El Apóstol Pablo le dijo al pastor Timoteo que: "Toda la Escritura es inspirada por Dios y útil para enseñar, para reprender, para corregir y para instruir en la justicia, a fin de que el siervo de Dios esté

---

[280] Génesis 17:1, (RV, 1960). Las **bolds** e *itálicas* son mías.

[281] William Barclay. *Comentario al Nuevo Testamento. Volumen 11: Filipenses, Colosenses, 1ra y 2da Tesalonicenses.* Trd. Alberto Araujo. (Terrassa (Barcelona), España. Editorial CLIE. 1970), 104

enteramente capacitado para toda buena obra".[282]
¡Esto es consejería divina! La consejería que viene
de un *Dios Consejero* es para capacitar a todos los
seres humanos para que estén preparados para hacer
toda clase de buena obra.

Ciertamente existen personas que hacen buenas
obras sin ser cristianas. También es cierto que existen
personas que ni creen en Dios y hacen buenas obras.
La comentarista Corinna Acosta, por ejemplo,
menciona cinco empresas, no sé si son cristianas o
no, pero que tienen el sello de filantrópicas.

1.- **Apple**. Esta gran empresa hasta el año
2015 había realizado más de 50 millones
de dólares en donaciones.

2.- **Google**. Con oficinas en 70 ciudades
y más de 40 países nadie podría decir
que Google no es una empresa de alcance
global. Hasta el año pasado (2014) había
logrado 42 millones en donaciones para
más de 9 000 organizaciones en todo el
mundo.

3.- **Microsoft**. Donó más de mil millones a
diferentes causas. En 2014, más de 86 000
organizaciones en 125 países recibieron

---

[282]   2 Timoteo 3:16-17, (RV, 1960).

donaciones en tecnología por parte de la compañía.

4.- PepsiCo. No tenemos una cantidad exacta de donaciones monetarias pero su filantropía incluye la nutrición, el acceso a agua limpia y a la agricultura.

5.- Shell. Había donado casi 25 mil millones de dólares a la Universidad de Texas en Austin. En 2012 firmó un contrato de cinco años con UT por 7.5 millones más que serán destinados a la investigación y el impulso de nuevos talentos apoyando a estudiantes universitarios".[283]

Ahora bien, si estas empresas pueden hacer obras buenas basándose en su contabilidad, nosotros, con la sabiduría del *Dios Consejero* también podemos hacer buenas obras siguiendo los consejos que se encuentran en la Biblia.

Este mundo malo necesita el consejo de Dios que se encuentra en la Escritura Sagrada. La Iglesia Cristiana necesita el consejo escrito en la Biblia. Tú y yo necesitamos los sabios consejos que contiene la Revelación de Dios. ¿Cómo hacer las buenas obras?

---

[283] Corinna Acosta. *5 empresas que son un gran ejemplo de filantropía.* (La Habra, California. Internet. Artículo publicado el 10 de marzo del 2015. Consultado el 14 de diciembre del 2022), ¿? https://www.expoknews. com/5-empresas-que-son-un-gran-ejemplo-de-filantropia/

Las podemos hacer siguiendo los mandamientos que el *Dios Consejero* nos ha revelado en Su Palabra.

A los hermanos de la provincia de Filipos en Asia Menor, el apóstol Pablo, después de que les dijo que estuvieran alegres, que fueran amables y que vivieran tranquilos con la paz de Dios, después de esas recomendaciones, les dijo: "Por último, hermanos, consideren bien todo lo verdadero, todo lo respetable, todo lo justo, todo lo puro, todo lo amable, todo lo digno de admiración, en fin, todo lo que sea excelente o merezca elogio".[284] Todo lo demás ni siquiera vale la pena pensarlo, eso es lo que yo opino.

¿Por qué tengo esta opinión? Porque "la mente humana tiene que concentrarse en algo, y Pablo quería estar seguro de que los filipenses se concentraran en cosas que valieran la pena".[285] ¿Y tú en que piensas? ¿En qué centras tu mente? Esto es algo de suprema importancia, tú no puedes ir por el mundo sin una meta o un propósito y esperar ser exitoso o hacer alguna obra buena. El apóstol Pablo recibió este consejo del *Dios Consejero* con el fin de compartirlo con nosotros para que estemos *"enteramente capacitados para toda buena obra"*.

---

[284] Filipenses 4:8, NVI).

[285] William Barclay. *Comentario al Nuevo Testamento. Volumen 11: Filipenses, Colosenses, 1ra y 2da Tesalonicenses*. Trd. Alberto Araujo. (Terrassa (Barcelona), España. Editorial CLIE. 1970), 105.

Dios no dejó su gloria celestial y nació en un pesebre en la aldea de Belén de Judea para que tú y yo sigamos pensando en cosas sin importancia. Jesús no aceptó el nombre de *Consejero* solamente por ser un bonito nombre o un calificativo, Él lo aceptó porque sabía que tú y yo necesitamos conocer la sabiduría del *Dios Consejero*. Para pensar siempre en el bien; ¡Necesitamos el consejo de Dios!

Hermano y hermana, piensa muy bien en esto: "Cualquier cosa que sea de valor moral y espiritual, de manera que sea digna de alabanza, es campo apropiado para el cristiano. Nada que no sea de esta naturaleza debe servir de alimento para tu alma".[286]

Cuando necesitamos el consejo divino – y siempre lo necesitamos – tenemos los sabios consejos de Dios en la Escritura: Así es que, El *Dios Consejero*, nos aconseja por medio de la Biblia. En este libro llamado Biblia tenemos miles y miles de consejos revelados por el *Dios Consejero*. Por ejemplo, el libro de Proverbios tiene 31 capítulos y 914 versículos y casi todos ellos son consejos morales y espirituales. Los otros sesenta y cinco libros que contiene la Escritura están empapados de los consejos del *Dios Consejero* que se reveló en la misma Biblia.

---

[286] Guillermo Hendriksen. *Filipenses: Comentario del Nuevo Testamento*. Traducido bajo los auspicios de: "El Estandarte de la Verdad". (Grand Rapids, Michigan. Publicado por la Subcomisión de literatura cristiana de la Iglesia Cristiana Reformada y distribuido por T.E.L.L. 1981), 222-223.

En fin, el *Dios Consejero* nos aconseja por medio de Su Palabra. Así que la mejor manera de recibir el sabio consejo divino para solucionar nuestros problemas cotidianos y más extensos es leyendo la Biblia.

III.- NOS ACONSEJA EN LAS CRISIS.

En sus viajes misioneros, el apóstol Pablo llegó a Jerusalén para rendir cuentas a la iglesia de lo que habían estado haciendo en sus viajes misioneros. Fue recibido con gozo y los cristianos e Jerusalén lo apoyaron en su trabajo misionero. Por rumores de que Pablo no estaba siguiendo la ley, le pidieron que, juntamente con otros cuatro hombres hiciera un voto y que se rapara para que todo vieran que también él "andaba ordenadamente guardando la ley".[287] Pablo se sometió a esta sugerencia. Así que, "al día siguiente Pablo se llevó a los hombres y se purificó con ellos. Luego entró en el templo para dar aviso de la fecha en que vencería el plazo de la purificación y se haría la ofrenda por cada uno de ellos".[288]

Pablo estuvo, pues, entrando y saliendo del templo durante siete días. Ningún problema; todo estaba caminando a las mil maravillas, pero:

---

[287]   Hechos 21:24, (RV, 1960).

[288]   Hechos 21:26, (NVI).

"Cuando estaban a punto de cumplirse los siete días, unos *judíos de la provincia de Asia* vieron a Pablo en el templo. Alborotaron a toda la multitud y le echaron mano, gritando: '¡Israelitas! ¡Ayúdennos! Este es el individuo que anda por todas partes enseñando a toda la gente *contra nuestro pueblo, nuestra ley y este lugar.* Además, hasta ha metido a unos griegos en el templo, y ha profanado este lugar santo'. Ya antes habían visto en la ciudad a Trófimo el efesio en compañía de Pablo, *y suponían* que Pablo lo había metido en el templo.

Toda la ciudad se alborotó. La gente se precipitó en masa, agarró a Pablo y lo sacó del templo a rastras, e inmediatamente se cerraron las puertas. *Estaban por matarlo,* cuando se le informó al comandante del batallón romano que toda la ciudad de Jerusalén estaba amotinada. En seguida tomó algunos centuriones con sus tropas, y bajó corriendo hacia la multitud. Al ver al comandante y a sus soldados, los amotinados dejaron de golpear a Pablo.

El comandante se abrió paso, *lo arrestó y ordenó que lo sujetaran con dos cadenas.* Luego preguntó quién era y qué había hecho".[289] Aunque el apóstol Pablo

---

[289] Hechos 21:27-33, (NVI). Las **bolds** e *itálicas* son mías.

les dijo era ciudadano romano, aun así,
"el tribuno ordenó que Pablo fuera llevado
ante el concilio, porque pensaba que sólo
se trataba de una cuestión religiosa de los
judíos. La reunión terminó en disensión
(Hec.23:10"[290] y, Pablo, volvió a la cárcel.

Así que el *Dios Consejero* tiene que intervenir
para consolar a su siervo Pablo. Y, en "… la noche
siguiente, el Señor se le apareció a Pablo y le dijo:
'Ánimo, Pablo, porque, así como has dado testimonio
de mí aquí en Jerusalén, así tendrás que darlo
también en Roma'."[291] ¡No, nunca! Ninguna vez,
el *Dios Consejero*, cuando estamos en las perores
crisis nos abandonará; ¡siempre estará presente
para consolarnos! En este caso, el *Dios Consejero*
llega hasta la celda donde está encadenado su siervo
Pablo y le dice: "'Ten ánimo', o 'Anímate, Pablo'.
Es el principio el mensaje del Maestro – son las
palabras del *Dios Consejero* -. Pablo se hallaba con
el cuerpo dolorido por los golpes y los estrujones
del intento de linchamiento, habiendo pasado por
las fuertes tensiones nerviosas de las situaciones que
hemos analizado. La reacción le dejaría flojo, y quizá
desanimado, pero se destaca una vez más el tierno
cuidado del Maestro – que es *El Dios Consejero* – al

---

[290]   Comentario en la *Biblia de Estudio Esquematizada*. *RV, 1960*. (Brasil. Sociedades Bíblicas Unidas. 2010), 1659.

[291]   Hechos 23:11, (DHH).

aparecérsele personalmente con el fin de consolar y animar a su fatigado siervo".[292] Un buen consejo del que nos ha llamado a su Reino Espiritual en tiempo de crisis, ¡nos anima para seguir en la lucha!

En estos tiempos navideños, en lugar de estar caminado por las calles diciendo *¡Felices Fiestas!*, debemos de pensar seriamente en que el niño que nació del vientre de la joven María en uno de los establos de Belén de Judea es el *Dios Consejero*. Es el Dios que en medio de las peores crisis se hace presente para consolar, aconsejar y animar. Es pues el Dios que el profeta Isaías anuncio, diciéndole al pueblo de Israel lo siguiente: "Porque un niño nos es nacido, hijo nos es dado, y el principado sobre su hombro; y se llamará su nombre admirable, *Consejero*, ...".[293] ¿Y saben qué? ¡Esto no es mito! ¡Esto es profecía bíblica cumplida!

Es un Dios con tan sabios consejos que, en su cumpleaños, podemos gritar a una sola voz: *¡Feliz Navidad!*

---

[292]   Ernesto Trenchard. *Los Hechos de los Apóstoles: Un Comentario*. Prefacio por el profesor F. F. Bruce, M. A. D. D. de la Universidad de Manchester. (Madrid, España. Biblioteca de Cursos de Estudio Bíblico: Literatura Bíblica. 1964), 503.

[293]   Isaías 9:6, (RV, 1960).

IV.- Nos ACONSEJA EN BASE A SU PROPIA EXPERIENCIA.

El rey Roboam, el hijo de Salomón, nació y creció en el palacio del Imperio Israelita rodeado de los más sofisticados lujos de la época. Nunca le faltó nada. Conocía sobre la esclavitud y la servidumbre, pues los esclavos eran los que mantenían el palacio y servían a los señores, a las señoras, y a los hijos de ellos; a toda la realeza. Roboam nunca experimentó en carne propia el ser un siervo. Esta es parte de la razón por la cual su decisión fue, en base al consejo de los que no habían experimentado la vida de pobreza o de esclavitud, una mala decisión. Un mal consejo que, como ya se ha dicho, dividió el Imperio Israelita. Y, por cierto, una mala división, pues Roboam se quedó como rey de dos tribus; Judá y Benjamín. Las otras diez fueron gobernadas por Jeroboam, el hijo de Nabat.[294]

La esclavitud en los tiempos de Cristo era abrumadora. "Se estima que la mitad de la población del Imperio romano, o cerca de sesenta millones de personas, estaban esclavizadas. Los propietarios de esclavos se hicieron brutales, y los esclavos mismos no tenían esperanza, ... Bajo la ley romana, el esclavo no tenía los derechos. El amo podía mandar crucificar a un esclavo por cualquiera razón.

---

[294]   I Reyes 12:1-33.

Augusto César mandó crucificar treinta mil esclavos durante su reinado. Un esclavo que robaba podía ser marcado en la cara por su amo con las letras C. F., que representaban las palabras *"cave furem"*, que querían decir *'he aquí al ladrón'.*"[295]

Cuando leemos la historia profética de *La Natividad* de Jesús, lo difícil de creer es que el Dios que sería llamado *Consejero*, primeramente, nacería en un pesebre en una aldea llamada Belén de Judea, y, segundo, que nacería en una sociedad de servidumbre mayoritaria. Y, aún más insólito es que el niño que nacería en Belén de Judea nacería con el propósito de ser siervo de los siervos; esclavo de los esclavos. La profecía nos anticipó que el niño que nación en Belén de Judea, fue Un niño que estaba marcado con las letras EPA, que significan: *Esclavo por Amor.*

El apóstol Pablo recomienda que exista en nosotros el mismo "sentir que hubo también en Cristo Jesús, el cual, siendo en forma de Dios, no estimó el ser igual a Dios como cosa a que aferrarse, sino que se despojó a sí mismo, tomando forma de siervo, hecho semejante a los hombres; y estando en la condición de hombre, se humilló a sí mismo,

---

[295] EcuRed: Enciclopedia Cubana. *Esclavitud en tiempos bíblicos.* (La Habra, California. Internet. Consultado el 15 de diciembre del 2022), ¿? https://www.ecured.cu/Esclavitud_en_tiempos_b%C3%ADblicos

haciéndose obediente hasta la muerte, y muerte de cruz".[296]

En Filipenses 2:5-11, el apóstol Pablo aconsejó a los cristianos para que se comportaran unos con otros con unidad, humildad y solicitud. Este consejo lo da con base en el testimonio de la vida de Cristo, "el cual, para salvar a otros, renunció así mismo, y así alcanzó la gloria".[297]

Meditando en estos mismos textos, Juan Calvino, uno de los teólogos de la Reforma Protestante dijo que existen dos grupos, "en el primero de los dos, nos invita a imitar a Cristo, porque esta es la regla de vida; y en el segundo, nos atrae hacia ella porque este es el camino por el cual alcanzaremos verdadera gloria".[298]

Cristo, pues, siendo el *Dios Consejero*, nos aconseja en base a su propia experiencia. Una experiencia incomprensible. El apóstol Pablo dice que *"se despojó así mismo"*.[299] La NVI dice: "... *se rebajó voluntariamente"*. Y, la NTV, dice: "... *renunció a sus privilegios divinos"*. Dos de las

---

[296]   Filipenses 2:5-8, (RV, 1960).

[297]   Guillermo Hendriksen. *Filipenses: Comentario del Nuevo Testamento.* Traducido bajo los auspicios de: "El Estandarte de la Verdad". (Grand Rapids, Michigan. Publicado por la Subcomisión de literatura cristiana de la Iglesia Cristiana Reformada y distribuido por T.E.L.L. 1981), 116-117.

[298]   Guillermo Hendriksen. *Filipenses: Comentario del Nuevo Testamento.* Traducido bajo los auspicios de: "El Estandarte de la Verdad". (Grand Rapids, Michigan. Publicado por la Subcomisión de literatura cristiana de la Iglesia Cristiana Reformada y distribuido por T.E.L.L. 1981), 117.

[299]   Filipenses 2:7, (RV, 1960).

cuatro interpretaciones sobre esta declaración más aceptadas son: Que El renuncio a su gloria celestial. Una gloria que antes de su crucifixión pidió al Padre que se la restaurara, diciéndoles: "Yo te he glorificado en la tierra, y he llevado a cabo la obra que me encomendaste. Y ahora, Padre, glorifícame en tu presencia *con la gloria que tuve contigo antes de que el mundo existiera*".[300]

¡Asombroso! Por este acto divino, del cual he comentado más a fondo en el capítulo de la Encarnación, Jesucristo, tiene todo el derecho y autoridad de aconsejarnos. Y, nosotros, tenemos el deber de adorarlo. Él es y debe de ser el principal "objeto de la más solemne adoración, descendió voluntariamente a este mundo donde fue 'despreciado y desechado de entre los hombres, varón de dolores, experimentado en quebranto (Isaías 53:6)".[301] Ahora él es glorificado; ha recuperado su gloria y está, con toda autoridad y gran sabiduría en la mejor disposición de aconsejarnos. ¿Por qué? ¡Porque él ES el *Dios Consejero*!

La segunda interpretación sobre la declaración: *"Se despojó así mismo".*[302] Es que Cristo, al nacer en

---

[300] Juan 17:4-5, (NVI). Las **bolds** e *itálicas* son mías.

[301] Guillermo Hendriksen. *Filipenses: Comentario del Nuevo Testamento.* Traducido bajo los auspicios de: "El Estandarte de la Verdad". (Grand Rapids, Michigan. Publicado por la Subcomisión de literatura cristiana de la Iglesia Cristiana Reformada y distribuido por T.E.L.L. 1981), 121.

[302] Filipenses 2:7, (RV, 1960).

el pesebre de Belén de Judea, renuncio a la naturaleza de su autoridad. "En efecto, se convirtió en siervo – y el siervo no tiene autoridad - … 'y aunque era Hijo, por lo que padeció aprendió la obediencia' (Heb.5:8). El mismo Cristo dijo: 'Porque no busco mi voluntad sino la voluntad del que me envió, la del Padre' (Juan 5:30)".[303]

"A simple vista, Jesús se presenta como inferior al Padre, de manera que no puede hacer nada de El mismo. Sin embargo, se trata de una forma propia del lenguaje de la misión".[304] La misión era la Redención de la humanidad y Jesús se sujetó al cien por ciento a la voluntad de su Padre. En esa misión; nació en un apestoso pesebre. Nació en una aldea, es decir, entre los pobres. Vivió como desconocido en Nazaret de Galilea y, cuando se dio a conocer, fue despreciado y sentenciado a morir en una cruz como si se tratara de un fuerte enemigo del Imperio romano.

Cristo experimentó todo esto y al fin venció a los críticos. Venció al pecado, el cual nunca lo pudo dominar ni aun tocar, pues ERA y ES sin pecado hasta la fecha. Venció la muerte, resucitó de entre los muertos. Venció la tumba, la piedra fue quitada con

[303] Guillermo Hendriksen. *Filipenses: Comentario del Nuevo Testamento*. Traducido bajo los auspicios de: "El Estandarte de la Verdad". (Grand Rapids, Michigan. Publicado por la Subcomisión de literatura cristiana de la Iglesia Cristiana Reformada y distribuido por T.E.L.L. 1981), 121.

[304] Samuel Pérez Millos. *Comentario exegético al texto griego del Nuevo Testamento. JUAN.* (Viladecavalls (Barcelona), España. Editorial CLIE. 2016), 550.

facilidad. Venció la gravedad, ascendió a los cielos. Y, ahora está sentado en su trono de gloria.

El escritor de la Carta a los Hebreos dice que "... no tenemos un sumo sacerdote que no pueda compadecerse de nuestras debilidades, sino uno que fue tentado en todo según nuestra semejanza, pero sin pecado".[305] ¡Este es el *Dios Consejero*!

Por toda esta experiencia humana, ¡Él está capacitado para aconsejarnos! ¡Es el *Dios Consejero*! Es el Dios que está por encima de los mitos y que Su verdad resalta en las artes de la Historia, de la Geografía, de la Sociología judía y gentil del siglo I de la Era Cristiana, de la política y políticos de ese mismo siglo. Y, sobre todo, de toda otra clase de literatura. Es decir que, la Celebración de *La Navidad* no es un mito, es la verdad histórica, profética y Neotestamentaria. Por tal razón, todo cristiano debe felicitar al que nació en Belén de judea con las dos palabras más populares de la cultura histórica: *¡Feliz Navidad!*

Así que, el *Dios Consejero*, nos aconseja en base a su propia experiencia. Una experiencia que la podemos resumir en tres eventos:

---

[305] Hebreos 4:15, (RV, 1960).

1.- Por lo que El mismo padeció siendo tentado, es poderoso para socorrer – y para aconsejar – a los que son tentados.

El escritor de la Carta a los Hebreos dice que Cristo, el *Dios Consejero*: "Por haber sufrido Él mismo la tentación, puede socorrer a los que son tentados".[306] ¡Qué manera de llegar hasta nosotros! ¡Que atrevimiento divino con el fin de llegar a ser muestro *Dios Consejero*! "La experiencia de Jesucristo en la obra de la salvación es singular: ἐν ᾧ γὰρ πέπονθεν αὐτὸς πειρασθείς *'pues en cuanto Él mismo padeció siendo tentado'*. Lo que no era posible en su Deidad, vino a ser experiencia en su humanidad".[307] Es esa experiencia humana que le da crédito para ser el *Dios Consejero*.

2.- Como Jesucristo es exento del pecado, tiene toda la autoridad para ser el Dios Consejero.

Por el simple hecho de haber nacido como ser humano en un pesebre de Belén de Judea, Cristo debería de ser pecador porque "… por medio de un solo hombre – llamado Adán - entró el pecado en el mundo y por el pecado entró la muerte, y así

306   Hebreos 2:18, (NVI).

307   Samuel Pérez Millos. *Comentario exegético al texto griego del Nuevo Testamento. HEBREOS*. (Viladecavalls (Barcelona), España. Editorial CLIE. 2009), 148.

la muerte *pasó a todos porque todos pecaron*".[308]
"Adán es cabeza de la raza humana desobediente
y condenada".[309] Y Jesús nació en Belén bajo esta
cabeza humana. En la mentalidad judía existía la
solidaridad. Es decir que "el judío no se consideraba
así mismo individualmente, sino siempre como parte
de una tribu, de una familia o nación, aparte de la
cual no tenía una identidad real".[310] Cristo vino a
identificarse con la raza humana y, por lo tanto, era
solidario en todo con ella, esto incluye el pecado. Sin
embargo, "se dispuso con los impíos Su sepultura,
Pero con el rico fue en Su muerte, Aunque no había
hecho violencia, Ni había engaño en Su boca".[311]

No estoy diciendo que Jesucristo sea un pecador
ni que haya tenido pecado, sigo la creencia de Isaías
del apóstol Pedro, cuando dijo que Cristo: "'…
no cometió ningún pecado, ni hubo engaño en su
boca'."[312] Parte de la maravilla de la Encarnación es
que, aunque Jesucristo se identifica con la humanidad
en todo, ¡Él mismo está sin pecado! La Biblia dice:
"Por lo tanto, ya que, en Jesús, el Hijo de Dios,
tenemos un gran sumo sacerdote que ha atravesado

---

[308]   Romanos 5:12, (DHH). Las **bolds** e *itálicas* son mías.

[309]   Comentario en la *Biblia de Estudios Esquematizada. Reina Valera, 1960.* (Brasil. Sociedades Bíblicas Unidas. 2010), 1682.

[310]   William Barclay. *Comentario al Nuevo Testamento. Volumen 8: Romanos.* (Terrassa (Barcelona), España. Editorial CLIE. 1995), 101.

[311]   Isaías 53:9, (NBLA).

[312]   I Pedro 2:22, (NVI).

los cielos, aferrémonos a la fe que profesamos. Porque no tenemos un sumo sacerdote incapaz de compadecerse de nuestras debilidades, sino uno que ha sido tentado – que se ha identificado - en todo de la misma manera que nosotros, *aunque sin pecado*".[313]

Así que, al identificarse con nosotros en todo, pero libre del poder del pecado, el que nació del vientre de María en Belén de Judea en tiempos del rey Herodes, es digno de ser nuestro *Dios Consejero.*

3.- *Como Jesucristo es libre de pecado, entonces, pudo y puede expiar los pecados de su pueblo.*

¿Cómo aconsejar si no se ha estudiado o experimentado lo mismo que el paciente? En el caso de Jesucristo, lo que nosotros sentimos y creemos, Él lo experimentó desde el mismo momento en que nació en Belén de Judea. Los mismos traumas del nacimiento los experimentó. Los mismos deseos, preocupaciones y burlas de los jóvenes, Él los experimentó. Los mismos amores y rechazos de los adultos Él los experimentó y, aún más, murió como un vil pecador y quedó como un maldito en una cruz.

Por eso y mucho más, ¿puede Cristo ser nuestro *Dios Consejero?* El autor de la Carta a los Hebreos dice que: "Por eso era preciso que en todo se asemejara a sus hermanos, para ser un sumo sacerdote fiel y

---

[313] Hebreos 4:15, (NVI). Las **bolds** e *itálicas* son mías.

misericordioso al servicio de Dios, a fin de expiar los pecados del pueblo. Por haber sufrido él mismo la tentación, puede socorrer a los que son tentados".[314]

Así que llegamos a la conclusión de que por la experiencia que Jesús pasó como ser humano, está capacitado para ser el *Dios Consejero*. Y que, como *El Dios Consejero* nació en Belén de Judea en tiempos del rey Herodes con el fin de ser nuestro sumo sacerdote, es justo, pues de que le celebremos *Su Natalicio* diciéndole: *¡Feliz Navidad!*

Conclusión.

¡Nadie está mejor capacitado para aconsejar que Dios mismo! Cuando los profetas Isaías y Miqueas anunciaron que el niño que nacería en Belén de Judea llevaría el nombre de *Dios Consejero*, ¡para nada se equivocaron! Pues, "a causa de que el Señor Jesús, se hiciera hombre, puede identificarse con nuestras tentaciones y experiencias",[315] pues Él mismo las experimentó.

Ahora, después de todos estos años en la historia del mundo, y, en especial en la Historia Profética y Contemporánea de la Biblia, el *Dios Consejero*, desde

---

[314] Hebreos 2:17-18, (NVI).

[315] Richard W. DeHaan. *Nuestro comprensivo Salvador.* (Nuestro Pan diario: Julio-agosto-septiembre-octubre-noviembre-diciembre. (Horeb en Villadecalvalls (Barcelona), España Publicado por M. C. E. 1993). Devocional del día 28 de septiembre sobre Hebreos 2:9-18.

el mismo pesebre de Belén de Judea hasta hoy, sigue estando en la mejor disposición de aconsejarnos.

Hoy, nos aconseja en el cómo orar; porque en realidad no sabemos cómo orar. Nos aconseja por medio de la Biblia; en la cual Él mismo se ha revelado y, nos aconseja en base a su propia experiencia; porque se ha identificado con nosotros en todo.

"Nadie comprende como Jesús comprende"[316] y nadie aconseja como el *Dios Consejero*. Así que hoy, en estos días navideños, no pensemos en *¡Felices Fiestas!*, sino que adoremos y felicitemos al que nació en Belén de Judea, diciéndole: *¡Feliz Navidad!*

¡Amén!!!

---

[316] Richard W. DeHaan. *Nuestro comprensivo Salvador*. (Nuestro Pan diario: Julio-agosto-septiembre-octubre-noviembre-diciembre. (Horeb en Villadecalvalls (Barcelona), España Publicado por M. C. E. 1993). Devocional del día 28 de septiembre sobre Hebreos 2:9-18.

Dios Fuerte

*"Porque un niño nos es nacido, hijo nos es dado, y el principado sobre su hombro; y se llamará su nombre Admirable, Consejero, **Dios Fuerte**, ...".*

Isaías 9:6, (RV, 1960).

Introducción.

Parte del río Papaloapan en México, pasa junto al pueblo chinanteco llamado *San Felipe Usila* en el estado de Oaxaca. En la parte norte del pueblo, en medio del río existe una gran roca. Nosotros la conocimos con el nombre de *"La roca de Usila"*.

En la zona de la sierra de *San Felipe* las lluvias son torrenciales. Con la abundancia de lluvia, el río se desborda en varias zonas y la fuerte corriente arrastra con todo lo que se encuentra: vacas, caballos, burros, árboles y todo lo que se presenta a su paso es arrastrado por la fuerte corriente.

Cierto día, cuando la lluvia disminuyó, dos de mis compañeros de misiones y yo fuimos a ver qué pasaba con la roca. ¡Y, allí estaba! ¡Estaba inconmovible! La fuerte corriente de aguas sucias por todo lo que estaba arrastrando llegaba con toda su furia y golpeaba la roca y ella, permanencia en su lugar.

Las aguas chocaban con la roca y se dividían en dos grandes ríos que, una vez que rodeaban la roca se volvían a unir para seguir con su exagerada fuerza fluvial. ¡Y la roca permanecía inmóvil!

Cuando recuerdo esta experiencia pienso en las palabras proféticas de Isaías en cuanto al Mesías de Dios, cuando dijo: "Porque un niño nos es nacido, hijo nos es dado, y el principado sobre su hombro; y se llamará su nombre Admirable, Consejero, *Dios Fuerte*, ...".[317] El profeta anunció que el niño que nacería en Belén de Judea sería un Dios que, similar a la roca de Usila, ¡sería inconmovible! Hoy sabemos que es un Dios que, a pesar de las grandes dificultades y fuerzas adversas, permanece inmóvil. Es un Dios, en el que podemos confiar cuando el enemigo desata toda su furia contra nosotros.

Seguramente que me dirás: Sí, Pastor, yo creo que Dios es fuerte, pero ¿por qué debo de confiar en El? Son varias las razones que la Biblia y la experiencia personal en el trabajo del Reino de Jesucristo apoyan la idea de confiar en el Dios Fuerte que un día en la historia de la humanidad nació en Belén de Judea. Tres de esas razones son:

---

[317] Isaías 9:6, (RV, 1960). Las **bolds** e *itálicas* son mías.

I.- En el Dios fuerte no existen las fantasías.

Una de las recomendaciones o mandatos del apóstol Pablo al pastor Timoteo fue: "Rechaza las leyendas profanas y otros mitos semejantes".[318] En la Versión de Reina y Valera dice: *"Desecha las fabulas profanas y de viajas"*. Y yo le agrego; *y de viejos también*. Mitos, fantasías y leyendas sobre el nacimiento de Jesucristo y de su divinidad tenemos muchas. Por ejemplo. El apóstol de La Iglesia de Jesucristo de los Santos de los Últimos Días (*los Mormones*), "James E. Talmage publicó un libro en 1915 titulado *"Jesús el Cristo"*, en el que escribió: "Creemos que Jesucristo nació en Belén de Judea, el 6 de abril del año 1 antes de Cristo". ... Talmage no tomó una fecha al azar. La tomó de la Sección 20 de *Doctrina y Convenios*, un compendio de revelaciones principalmente dadas al profeta José Smith".[319] Esto es que no tomó esta idea del *Dios Consejero* ni del *Dios Fuerte* que nació en Belén de Judea.

Dentro de la mitología griega está la idea del titán Atlas, nombre que significa *"... 'el portador'*,

---

[318] I Timoteo 4:7, (NVI).

[319] Publicado por MásFe Staff. *5 mitos populares sobre el nacimiento de Jesús*. (La Habra, California. Internet. Articulo publicado el 3 de diciembre del 2022. Consultado el 22 de diciembre del 2022), ¿? https://masfe.org/temas/para-meditar/mitos-nacimiento-de-jesus/#:~:text=5%20mitos%20populares%20sobre%20el%20nacimiento%20de%20Jes%C3%BAs,el%2025%20de%20diciembre%20Cr%C3%A9ditos%3A%20Jaimie%20Trueblood%20

de τλάω tláô, '*portar*', '*soportar*'. Atlas, según la mitología griega, era un titán de segunda generación al que Zeus condenó a cargar sobre sus hombros la bóveda celeste".[320] Y, hasta hoy, Atlas sigue cargando al mundo sobre su espalda.

También en las diferentes filosofías las fantasías filosóficas en cuanto al *Dios Fuerte* existen. Por ejemplo. El filósofo alemán Jorge Wilhelm Hegel llamó a Dios '*el absoluto*'. Herber Spencer le llamó '*el inconocible*'. Sigmund Freud, el padre de la psiquiatría dijo que Dios es un padre paternal pero no es un Padre celestial personal. El biólogo británico Julián Huxley dijo que 'últimamente Dios está empezando a aparecerse no aun gobernante sino a la sonrisa que se desvanece de un cómico gato de Cheshire'. Las fantasías descritas en *Alicia en el país de las Maravillas* eran para Huxley ¡más reales que el Dios Todopoderoso!".[321]

Mitos, fantasías y leyendas sobre el Dios Fuerte las encontramos en diversas literaturas y, sin embargo, "Dios quiere que le conozcamos, ¡porque conocer a Dios es lo más importante en la vida!". ¿Me escucharon bien? ¡Conocer a Dios es lo más importante! La vida no funciona correctamente si no conocemos al *Dios Fuerte* que nos creó.

---

[320]   Wikipedia, la Enciclopedia Libre. *Atlas*. (La Habra, California. Internet. Consultado el 21 de diciembre del 2022), ¿? https://es.wikipedia.org/wiki/Atlas_(mitolog%C3%ADa)

[321]   Warren W. Wiersbe. *Jesús en el tiempo presente: Las declaraciones "YO SOY" de Cristo*. Trd. Miguel A. Mesías. (Nashville, Tennessee. Grupo Nelson. 2012), 2.

En Juan capítulo diecisiete encontramos una oración "que algunos llaman '*la oración sacerdotal de Jesús*'."³²² Y mientras el Señor oraba, Juan dice que: "... Jesús miró al cielo y dijo: 'Padre, ha llegado la hora. Glorifica a tu Hijo para que él, a su vez, te dé la gloria a ti. Pues le has dado a tu Hijo autoridad sobre todo ser humano. Él da vida eterna a cada uno de los que tú le has dado. *Y la manera de tener vida eterna es conocerte a ti, el único Dios verdadero*, y a Jesucristo, a quien tú enviaste a la tierra".³²³ Las fantasías existen y algunas de ellas son llamativas. Tan llamativas son, algunas de ellas, que las creemos. Pero Jesucristo dice que lo mejor es conocer al *Dios Fuerte* en el cual no existen las fantasías sino las realidades; en él existe la verdad absoluta. La Encarnación de Dios en Belén de Judea no es un mito; tampoco es una leyenda, es Historia Universal e Historia Bíblica.

El *Dios Fuerte* nacido en Belén de Judea no es un Dios de fantasías ni profetizado entre las fantasías, sino que es un Dios que antes de la eternidad ya Era *Dios Fuerte*. Un Dios que se reveló en la Biblia para que le conozcamos. Un Dios que se hizo hombre y nació en Belén de Judea como un verdadero ser humano con el fin de identificarse contigo y conmigo. Es el *Dios Fuerte* que quiere que le conozcamos. Y

---

³²² Comentario en la *Biblia de Estudios Esquematizada. Reina Valera, 1960.* (Brasil. Sociedades Bíblicas Unidas. 2010), 1596.

³²³ Juan 17:1-3, (NTV). Las **bolds** e *itálicas* son mías.

por eso llegó desde abajo; es decir, desde un bebé, para que le conozcamos en su totalidad: Esto es que, el *Dios Fuerte* es también el Dios/Hombre.

¿¡No es esto maravilloso!? En el *Dios Fuerte* no existen las fantasías de que te puedes salvar de tus pecados por el hecho de ser buena persona, sino que, en Cristo Jesús, el que fue un bebé nacido en Belén de Judea, existe todo el poder para salvarte de todos tus pecados y librarte del poder del mismo pecado. ¡Él es el *Dios Fuerte*! Es a El que hoy le decimos: *¡Feliz Navidad!*

II.- EN EL DIOS FUERTE EXISTE LA SEGURIDAD.

Caminando por las montañas de las sierras en los estados de Oaxaca, Veracruz, Puebla y Chiapas, los peligros estaban asechando. Pero cuando pensaba en la seguridad que existe en el *Dios Fuerte*, le cantaba a Dios mientras caminaba. ¿Saben que esto hacía el rey David? La Biblia dice que: "David dedicó al Señor la letra de esta canción cuando el Señor lo libró de Saúl y de todos sus enemigos. Dijo así: El Señor es mi roca, mi amparo, mi libertador; es mi Dios, el peñasco en que me refugio. Es mi escudo, el poder que me salva, ¡mi más alto escondite! Él es mi protector y mi salvador".[324] ¡En el Dios Fuerte existe la seguridad!

---

[324] 2 Samuel 22:1-3, (NVI).

Esto que cantó el rey David es "una canción de victoria compuesta por el rey de Israel, el cual alababa a Dios por haberlo ayudado a derrotar a sus enemigos, tanto a los de su tierra como a los que estaban fuera de su país".[325] David sabía que la potencia protectora del *Dios Fuerte* no tiene límite. ¿Tú lo sabías? Si no lo sabías, hoy lo sabes. La potencia del *Dios Fuerte* llega hasta donde esté tu enemigo para derrotarlo y así darte la protección o la seguridad que tú necesitas. ¡Así es el *Dios Fuerte* que nació en Belén de Judea!

Aproximadamente mil años después del rey David, ¿¡quién se iba a imaginar que el bebé que nació en uno de los apestosos pesebres de Belén de Judea ERA un *Dios Fuerte*!? ¿¡Quien se iba a imaginar que al Dios que el rey David le cantó nacería en un pesebre!? ¡Ah, las maravillas del *Dios Fuerte*!

Bueno, Pastor, está bien que el bebé que nació en Belén de Judea, de acuerdo con la profecía de Isaías sea un *Dios Fuerte* que me ofrece seguridad, pero ¿cómo disfrutar de esa seguridad? Por la fe en el *Dios Fuerte*. Hermano cristiano, ¡por la fe!; hermana cristiana, ¡por la fe! Escuchen las palabras del apóstol Pedro: "Por la fe que tienen, ***Dios los protege con***

---

[325] Comentario en la *Biblia de Estudios Esquematizada. Reina Valera, 1960.* (Brasil. Sociedades Bíblicas Unidas. 2010), 789-790.

su poder hasta que reciban esta salvación",[326] o la protección que necesitan. Es la fe que, como un ancla asegura el barco, así nos asegura en Dios, porque en el *Dios Fuerte* existe la seguridad. Y, por eso hoy le celebramos *Su Natalicio* y le decimos con fuerte voz: *¡Feliz Navidad!*

III.- EN EL DIOS FUERTE EXISTE LA ESPERANZA GLORIOSA.

El apóstol Pablo invita a los cristianos a que rebocen de la esperanza que existe en el Dios Fuerte. Y, les dice: "Que el Dios de la esperanza los llene de toda alegría y paz a ustedes que creen en él, para que rebosen de esperanza por el poder del Espíritu Santo".[327] Hermanos y hermanas en Cristo Jesús, tú y yo recibimos "la paz del Señor tan pronto decidimos seguir a Jesús. No tenemos que temer, sea que estemos pasando por un buen momento o por uno que no lo es. ¡Nuestra confianza está en Dios! Él tiene su mirada puesta en nosotros, atento a lo que nos sucede y está a nuestro lado para ayudarnos".[328] Recuerda, ¡Él es *El Dios Fuerte*!

---

[326] I Pedro 1:5, (NTV).

[327] Romanos 15:13, (NVI). Trasliterado por Eleazar Barajas.

[328] SuBiblia. *5 versículos de fe y esperanza que alegrarán tu día.* (La Habra, California. Internet. Consultado el 22 de diciembre del 2022), ¿? https://www.subiblia.com/versiculos-fe-esperanza-que-alegraran-dia/

"Dice la filósofa Virginia López Domínguez, que las guerras y su violencia, la represión en las sucesivas dictaduras y el fracaso de las revoluciones durante el siglo XX provocaron una gran decepción ante la incapacidad del ser humano para transformar la sociedad, sembrando la sospecha sobre la noción de progreso. La globalización que llegó con las redes informáticas, la extensión del sistema capitalista a todo el planeta y, más recientemente, la pandemia del Coronavirus ha contribuido a que el sentimiento del siglo XXI sea, hasta ahora, el de nostalgia: volver la vista atrás, el deseo de recuperar el pasado y regresar a formas de vida anteriores. Quizá, se plantea López Domínguez, la única alternativa para salir de este atolladero y cambiar nuestra sociedad sea lo contrario: la esperanza".[329]

Cuando hablamos del *Dios Consejero* en el mensaje anterior, notamos que era amigo de Abram. Un amigo tan cercano que hasta le cambio el nombre; le llamó Abraham, es decir, que este hombre llamado el Padre de la Fe, ante Dios y la sociedad, dejó de ser Abram: (מַרְבָא) *'padre exaltado'*, …. Para convertirse en Abraham (מהרבא) *Padre de Muchedumbres* o *Padre de mucha gente.*[330]

---

[329] FILOSOFÍA&CO. *Querida lectora, querido lector.* (La Habra, California. Internet. Articulo consultado el 15 de diciembre del 2022), ¿? <email@email.filco.es>

[330] Génesis 17:9.

Ahora bien, volvamos a recordar aquel encuentro entre Dios y Abram. La Biblia dice que era un hombre de noventa y nueve años, una edad imposible de tener hijos. Y, sin embargo, Dios, le prometió que sería nuevamente padre. El Señor se le aprecio a Abram y le dijo: "Yo soy *El-Shaddai, 'Dios Todopoderoso'*. Sírveme con fidelidad y lleva una vida intachable".[331] ¿De qué estoy hablando? Estoy diciendo que además de que el niño nacido en Belén de Judea en tiempos del rey Herodes el Grande, además de que ES el *Dios Consejero*, también ES un *Dios Todopoderoso*. ¡Es *El Dios Fuerte*! Y, a decir verdad, "esto es lo que podemos esperar que Dios sea para nosotros – Un *Dios Fuerte* -; Yo soy el *Dios Todopoderoso* o, mejor, el Dios *Todosuficiente* (hebreo: '*El Shadday*', לֵא שַׁדַּי)",[332] le dijo Dios a su siervo Abran.

Ahora bien, cuando hablamos del *Dios Fuerte*, decimos y creemos que "efectivamente, es un Dios Todosuficiente y Todonecesario; con él, nada es necesario, sin él, nada es suficiente".[333] ¿Por qué? Porque el niño que nació en el pesebre de Belén de Judea y que llegó a morir en una cruz por nuestros pecados, ¡ES *Dios Fuerte*!!ES el Dios Todopoderoso

[331]   Genesis 17:1, (NVI). Las **bolds** e *itálicas* son mías.

[332]   Matthew Henry. *Pentateuco: Comentario exegético devocional a toda la Biblia.* Traducido y adaptado al castellano por Francisco Lacueva. (Terrassa (Barcelona), España. Editorial CLIE. 1983), 122.

[333]   Matthew Henry. *Pentateuco: Comentario exegético devocional a toda la Biblia.* Traducido y adaptado al castellano por Francisco Lacueva. (Terrassa (Barcelona), España. Editorial CLIE. 1983), 122.

que le prometió y cumplió a Abraham un hijo y una descendencia como las estrellas del cielo.[334]

El pastor Rick Warren dijo que: "La esperanza importa. En un mundo que a menudo parece sombrío, debes comprender que lo mejor de Dios está por venir".[335] ¡Espéralo! ¡Espera en *El Dios Fuerte*! *El Dios Fuerte* es sumamente capaz de darte una esperanza gloriosa. Mientras tanto, sigue celebrando El Natalicio de Jesús y dile con sinceridad: *¡Feliz Navidad, Jesús!*

CONCLUSIÓN.

No, en ninguna manera, *El Dios Fuerte* del que hace mención profética Isaías, ¡no es un mito! Es historia real y segura. El Bebé que nació en Belén de Judea es muchísimo más fuerte que la roca de Usila. Es un *Dios Fuerte* en el cual no existen las fantasías. Es decir que, el bebé que nació en Belén de Judea no es una fantasía, ni es un mito ni una leyenda, fue el cumplimiento de la Profecía Bíblica, en especial las profecías de Isaías y Miqueas, las cuales nos hablan del nacimiento de un niño que llevaría el nombre de Dios Fuerte y que nacería en Belén de Judea.

---

[334]   Génesis 26:4.

[335]   Rick Warren. *El Poder de Dios Siempre te Protege*. (La Habra, California. Internet. Devocional del día 11 de diciembre del 2022 sobre 1 Pedro 1:5 (NTV). Consultado el día 14, del mismo mes y año), ¿? <connect@newsletter.purposedriven.com>

Aquel bebé de Belén no es un mito, sino que ES el Dios Fuerte en el cual existe la seguridad presente y futura. Él no tiene límite para vencer a tus enemigos y protegerte. En cualquier lugar donde esté tu enemigo allí llegará para derrotarlo y darte seguridad. ¡Es el *Dios Fuerte* que te garantiza seguridad!

El relato del recién nacido en Belén de Judea no es una leyenda, sino que ES la Historia Bíblica del Dios Fuerte en el cual existe la esperanza gloriosa. Nadie más te puede dar una esperanza como la que *El Dios Fuerte* te brinda.

Este es el Dios en el cual el rey David confiaba. Y, por eso cantaba diciendo:

"Te amo, Señor; tú eres mi fuerza.
El Señor es mi roca, mi fortaleza y mi salvador;
mi Dios es mi roca, en quien encuentro protección.
Él es mi escudo, el poder que me salva y mi lugar
seguro".[336]

El recién nacido en Belén de Judea, *¡Es el Dios Fuerte!* Es el Dios al cual debemos de felicitarlo en su cumpleaños diciéndole: *¡Feliz Navidad!*

¡Amen!!!!

---

[336] Salmo 18:1-2, (NTV).

PADRE ETERNO

*Porque un niño nos es
nacido, hijo nos es dado, y el
principado sobre su hombro;
y se llamará su nombre
Admirable, Consejero, Dios
Fuerte, **Padre Eterno**, ..."*

Isaías 9:6, (NVI).

INTRODUCCIÓN.

El misionero y escritor P. D. Bransen quien él "y su esposa han vivido y han pasado la mayor parte de su vida adulta en un país de mayoría musulmana al lado del Sahara",[337] dice que: "Si caminando por una playa desierta, encuentras unas huellas recién hechas en la arena, deduces instintivamente que no estás solo. Sabes que esas huellas no se crearon por sí solas. Sabes que el viento y el agua no las formaron. Alguien dejó aquellas huellas.

Lo sabes perfectamente.

Sin embargo, muchas personas sostienen que *no* saben que tanto la arena en la que las huellas

---

[337] P. D. Bramsen. *Un Dios un mensaje: Descubre el misterio, haz el vieje.* Trd. Carlos Tomás Knott. (Grand Rapids, Michigan. Editorial Portavoz, filial de Kregel Publications. 2011). Contraportada.

se encuentran como el ser humano que las dejó, también fueron formados por alguien. Intentan explicar la creación sin el Creador, y han propuesto muchas teorías elaboradas, algunas que imaginan una serie de causas que vienen sucediéndose desde hace billones de años".[338]

La Biblia habla de ese Creador que ha dejado sus huellas en toda Su creación desde el mismo comienzo de sus historias y, dice que es un *Padre Eterno.* Cuando se trata de la Misión de Dios para salvar a la humanidad, la profecía de Isaías 9:6, dice que ese Creador se Encarnaría y que llevaría los nombres de *"Admirable, Consejero, Dios Fuerte, Padre Eterno, ...".*

¿Y cómo es ese Padre Eterno?

I.- ES UN PADRE MUY HUMANO.

En un mensaje anterior hablé sobre la Encarnación de Dios en Jesucristo. Una Encarnación que, nuevamente el profeta Isaías confirma al decir que el niño que nacería de la familia de David sería un *Padre Eterno.*

En la iglesia de Corinto en el tiempo del apóstol Pablo surgió el problema de la carne sacrificada a los ídolos. Los cristianos no sabían si comer de

---

[338] P. D. Bramsen. *Un Dios un mensaje: Descubre el misterio, haz el vieje.* Trd. Carlos Tomás Knott. (Grand Rapids, Michigan. Editorial Portavoz, filial de Kregel Publications. 2011), 77.

esa carne o no. El consejo de Pablo fue que, no se preocuparan mucho por ese asunto. Pablo les aclara tres importantes puntos doctrinales:

Primero: Existe sólo un Dios (con Mayúscula).

En una de sus oraciones, Jesucristo dijo que: "... la manera de tener vida eterna es conocerte a ti, el único Dios verdadero, y a Jesucristo, a quien tú enviaste a la tierra".[339] El apóstol Pablo, "trató uno de los problemas más serios que los cristianos de Corinto enfrentaron, es decir, la relación entre ellos y los paganos".[340] Los paganos eran idolatras y su vida entre los habitantes de Corinto giraba en torno a las prácticas de la adoración a los ídolos. Pablo, les dice a los hermanos cristianos que "un ídolo nada es en el mundo".[341]

Y un ídolo no es nada porque el profeta Isaías profetizó diciendo que el niño nacido en Belén de Judea del vientre de María sería el Padre Eterno y, ante Él, ninguna otra divinidad tiene valor, pues Él es *"el único Dios verdadero"*.

---

[339]   Juan 17:3, /NTV).

[340]   Comentario en la *Biblia de Estudios Esquematizada. Reina Valera, 1960.* (Brasil. Sociedades Bíblicas Unidas. 2010), 1715.

[341]   I Corintios 8:4, (RV, 1960).

Segundo: El Único Dios (con mayúscula), es el Padre Dios.

"Puede que existan esos llamados 'dioses' tanto en el cielo como en la tierra, y algunas personas de hecho rinden culto a muchos dioses y a muchos señores. Pero para nosotros: Hay un Dios, el Padre, ...".[342] El UNICO Dios que el profeta Isaías dice que es *Padre Eterno*.

La segunda cosa que Pablo les dice a los cristianos de Corinto, además que, un ídolo nada es, les dice que "no hay más que un Dios (con mayúscula)".[343] Pablo no afirma que no existan otros que se llaman dioses o que les llaman dioses, pues está consciente de que existen: "Pero para nosotros – dice Pablo -: Hay un Dios, el Padre, por quien todas las cosas fueron creadas y para quien vivimos; y hay un Señor, Jesucristo, por medio de quien todas las cosas fueron creadas y por medio de quien vivimos".[344] El apóstol Pablo habla del *Padre Eterno* profetizado por Isaías.

Tercero: El Padre Eterno es parte esencial de la Trinidad.

El apóstol Pablo dice que: "Hay un Dios, *el Padre*, por quien todas las cosas fueron creadas y para quien

---

[342]   I Corintios 8:5-6a, (NTV).

[343]   I Corintios 8:4, (RV, 1960).

[344]   I Corintios 8:6, (NTV).

vivimos; y hay *un Señor, Jesucristo*, por medio de quien todas las cosas fueron creadas y por medio de quien vivimos".[345] No por el hecho de tomar la forma humana, Cristo dejó de ser Dios y, no por el mismo hecho, el Padre dejó de ser uno con Cristo. Tanto el Padre es Eterno como también lo es el Hijo. El Hijo no es un Dios del Nuevo Testamento solamente, sino que es el Dios de la eternidad y creador del universo, "porque por medio de él fueron creadas todas las cosas en el cielo y en la tierra, visibles e invisibles, sean tronos, poderes, principados o autoridades: todo ha sido creado por medio de él y para él".[346]

Así que, la profecía de Isaías al anunciar que uno de sus nombres sería *Padre Eterno*, está en completa armonía con toda la Escritura. Es decir que, "Jesucristo es el mismo ayer, hoy y siempre".[347] Cristo Jesús es UNO con el *Padre Eterno*, y, es a la vez, *Padre Eterno*.

Tanto su eternidad como su divinidad del niño que nació en Belén de Judea y del cual el profeta Isaías dijo que uno de sus nombres sería *Padre Eterno*, se pueden probar en las diversas apariciones del Señor en el Antiguo Testamento, en algunas de ellas lo hizo enviando a Su Ángel. Por ejemplo, el Ángel de Jehová, a Moisés, se le apareció en una zarza (Exodo

---

345 I Corintios 8:6, (NTV). Las **bolds** e *itálicas* son mías.

346 Colosenses 1:16, (NVI).

347 Hebreos 13:8, (DHH).

3:1-3). A Gedeón se le apareció mientras separaba el trigo (Jueces 6:12-18). Se le apareció la esposa de Manoa (Jueces 13:3). Otra vez se le aparece a la esposa de Manoa (Jueces 13:9-10). Mano vio al Ángel del Señor y platicó con El (Jueces 13:11-20). *El Padre Eterno* estaba ministrando Su creación desde los primeros días de este universo.

Ahora bien, en estos casos, el enviado, es decir, el que nació en Belén de Judea, no es menor que el que envía, es decir, el Padre Dios, sino que es un proceder de la Trinidad; es un acto inmutable invisible (Dios Padre y Eterno), y al mismo tiempo visible (Jesucristo, el *Padre Eterno* de Isaías 9:6). Es un acto en donde "la Trinidad es igual en todo (la Trinidad estuvo en el pesebre de Belén de Judea). Aunque, por la Biblia, sabemos que, el Padre, por su naturaleza y presente en todas partes, obra inseparablemente en la misión o aparición de cada una de las personas divinas".[348]

El hecho es que, Jesucristo, ¡es un Padre muy humano! Un Padre que se hizo igual a nosotros, pero sin pecado. Es un Padre Eterno al cual, por ele hecho de su humanidad, debemos de celebrarle Su Natalicio humano diciéndole: *¡Feliz navidad!*

---

[348]   San Agustín de Hipona. *La Trinidad.* (San Bernardino California. Ivory Falls Books. 2017), 28.

II.- ES UN PADRE QUE TOMÓ NUESTRO LUGAR.

Una porción de la gran profecía mesiánica del profeta Isaías que hace referencia al sufrimiento que le causarían a Jesucristo, el Mesías de Dios, dice: "Ciertamente él cargó con nuestras enfermedades y soportó nuestros dolores, pero nosotros lo consideramos herido, golpeado por Dios, y humillado. Él fue traspasado por nuestras rebeliones, y molido por nuestras iniquidades; sobre él recayó el castigo, precio de nuestra paz, y gracias a sus heridas fuimos sanados".[349]

He comentado en otros mensajes que la profecía de Isaías fue proclamada y escrita aproximadamente unos setecientos años antes de que el *Padre Eterno* naciera en Belén de Judea. Y, sin embargo, noten el tiempo gramatical de los textos que hemos leído, están en tiempo pasado: "*él cargó*", "*soporto nuestros dolores*", "*lo consideramos herido*", "*golpeado por Dios*", "*humillado*", "*fue traspasado*", "*molido*", "*sobre él recayó el castigo*", "*fuimos sanados*". ¡Todo escrito como una historia no como un acontecimiento futuro!

Para el profeta Isaías, el *Padre Eterno* que tomó nuestro lugar en la Cruz del Calvario ya era un hecho, aunque, en el calendario judío antiguotestamentario,

---

[349]   Isaías 53:4-5, (NVI).

faltaban aproximadamente setecientos años para su cumplimiento.

El Padre Eterno en la Persona de Jesucristo es un Padre que no tiene límites de tiempo y espacio, cuando él dice que se hará, ¡ya es un hecho! No importa el tiempo ni las adversidades que se presenten. *El Padre Eterno* es El Dios del tiempo y del espacio.

Pero también es el *Padre Eterno* y amoroso que cargó con todos nuestros pecados y los clavó en la Cruz del Calvario. El profeta Isaías dijo que: "Todos andábamos perdidos, como ovejas; cada uno seguía su propio camino, ***pero el Señor hizo recaer sobre él la iniquidad*** de todos nosotros".[350] Isaías habló de la Obra Expiatoria que haría el que él lo conoció como *El Padre Eterno*. Un acto difícil de entender y explicar: Una persona divina que es un Padre tomó nuestro lugar en una muerte cruel y, un Dios Todo Santo llamado Jesucristo en el cual Dios Padre "hizo recaer sobre él la iniquidad de todos nosotros" y, que, al tomar nuestro lugar se hizo maldito, aunque nunca cometió un solo pecado. ¡Esto es difícil de entender!

Para el judaísmo esto fue algo incomprensible. El judío Doctor Mitch Glaser dice que "Aunque una persona judía nunca observe el sábado, los estudios de la comunidad moderna indican que la mayoría de los judíos toman un día libre de trabajo, asisten a

---

[350] Isaías 53:6, (NVI). Las **bolds** e *itálicas* son mías.

la sinagoga y hacen algo para reconocer el Día del Perdón 'Yom Kippur'. ¿Pero realmente entendemos que significa? Sabemos que involucra perdonar a otros y ser perdonados por Dios ... Pero la mayoría de las personas tienen dificultad para definir y explicar la idea de expiación".[351] ¿Cómo es posible que uno que se llama Dios Eterno o Padre eterno muera como un criminal en una cruz y, al mismo tiempo, sea El Salvador del mundo? ¡Esto no es posible! Pues, ¿saben qué? ¡Si fue posible, aunque no creíble!

No sé si el profeta Isaías entendió lo que profetizó, lo que sí sé es que lo dio por hecho. El aseguró proféticamente que el bebé de Belén de Judea, además de ser El Redentor, es decir, una persona que cargaría con nuestros pecados es también *El Padre Eterno*. No sé si para ti *La Navidad* sea un mito o no, pero e cualquier manera, te invito a que digas conmigo: *¡Feliz Navidad!*

III.- Es un Padre inmutable.

El apóstol Santiago nos dice: "Queridos hermanos míos, no se engañen: todo lo bueno y perfecto que se nos da, viene de arriba, de Dios, que creó los astros del cielo. *Dios es siempre el mismo:* en él no hay variaciones ni oscurecimientos".[352] La Versión Reina

---

[351] Mitch Glaser. *Isaías 53: Una explicación: Este Capítulo cambiará su vida*. Trd. Marta Sedaca. (Nueva York. Chosen People Productions. 2010), 71.

[352] Santiago 1_16-17, (DHH). Las **bolds** e *itálicas* son mías.

y Valera dice: "Amados hermanos míos, no erréis. Toda buena dádiva y todo don perfecto desciende de lo alto, del Padre de las luces, *en el cual no hay mudanza, ni sombra de variación*".

A.- Su amor no cambia.

Es un Padre con un amor eterno. De este *Padre Eterno* da testimonio el profeta Jeremías diciendo: "Hace mucho tiempo se me apareció el Señor y me dijo: 'Con amor eterno te he amado; por eso te sigo con fidelidad, ...".[353] "Según una versión antigua; el texto hebreo dice *'de lejos Jehová se me apareció'*," Pero lo que el profeta Miqueas dice es que *El Dios Eterno*, con su llegada a Belén de Judea se acercó a la humanidad. En un mensaje anterior les dije que Dios deseaba ser uno de nosotros porque sabía que esa era una de las maneras de poder recuperar un poco la comunión que se había perdido en el Edén. Y es que, "Dios, siendo el Dios que es, nunca puede tener comunión con nada excepto con su propia semejanza. Y donde no hay semejanza no puede haber comunión entre Dios y esa cosa diferente".[354] El ser humano fue hecho a la imagen y semejanza

---

[353] Jeremías 31:3, (NVI).

[354] A. W. Tozer. *Los atributos de Dios: Volumen Uno. Con guía de estudio. Un viaje hacia el corazón del Padre*. Trds. María Mercedes Pérez, María del C. Fabbri Rojas y María Bettina López. (Lake Mary, Florida. Publicado por Casa Creación: Una compañía de Carisma Media. 2013), 131.

de Dios y había una comunicación perfecta entre ambos; Dios y el ser humano.[355]

Su amor no ha cambiado, el mismo amor que tuvo al crear al ser humano, ya sea de barro o de arcilla (heb. *Adamah*) y de hueso (de una costilla), es el mismo amor que manifestó al tomar la forma humana y nacer de una mujer (Heb. *Ishah*, que salió del *ish*, hombre), joven llamada María en la aldea de Belén de Judea. El eterno amor del *Padre Eterno* no cambió ni ha cambiado, ni creo que cambiará. ¡Es un amor eterno!

En el Nuevo Testamento, el apóstol Juan recomendó que nos amemos: "... unos a otros; porque el amor es de Dios. Todo aquel que ama, es nacido de Dios, y conoce a Dios. El que no ama, no ha conocido a Dios; porque ***Dios es amor***".[356] Y si Dios es amor, entonces, el amor del *Padre Eterno* no cambia. ¡Nos ama con un amor eterno!

B.- Su verdad es absoluta.

Desde el mismo comienzo de la humanidad, Satanás, el acérrimo enemigo del *Padre Eterno,* ha desvirtuado la verdad de Dios. Con su característica propuesta: *"Con que Dios les ha dicho"*,[357] ha puesto a

---

[355] Génesis 1:26; 2:7; 18.24; 3:8-10.

[356] 1 Juan 4:7-8, (Reina-Valera 1960). Las **bolds** e *itálicas* son mías.

[357] Génesis 3:1, (RV, 1960).

millones de personas a través de la Historia Universal a dudar de lo que Dios ha dicho y ha llegado hasta hacerlos dudar de la existencia de Dios.

El pastor Adrián Rogers comenta que: "El postmodernismo[358] nos dice que no existe la verdad absoluta. Lo que usted cree está bien. Asimismo, lo que yo creo está bien. Si estamos de acuerdo o no, no tiene ninguna importancia. Con todo, en esta época de pensamiento postmodernista debemos defender esta verdad básica: la verdad permanece inmutable. No requiere de ninguna interpretación humana. Y quiero añadir que, al discutir la verdad cristiana, ocurre un divino trastorno. Yo no creo que podemos ser neutrales acerca de la verdad real. Si JESÚS es DIOS, entonces debemos arrodillarnos y adorarle. Si Jesús no es Dios, debemos echarlo fuera como un mentiroso y lunático. Usted debe decidir. No hay terreno neutral. O usted está con Él, o está en contra de Él".[359]

---

[358] Alfredo Marín García. *Postmodernismo*. El posmodernismo es un movimiento cultural, artístico y filosófico, que rompe con las características del modernismo. En este sentido, estableciendo como nuevas formas de comportamiento el consumismo y el individualismo. También se opone a la lógica y a la razón. (La Habra, California. Internet. Consultado el 29 de diciembre del 2022), ¿? https://economipedia.com/definiciones/posmodernismo.html#:~:text=El%20posmodernismo%20es%20un%20movimiento%20cultural%2C%20art%C3%ADstico%20y,opone%20a%20la%20l%C3%B3gica%20y%20a%20la%20raz%C3%B3n.

[359] Adrián Rogers. *Devocional*. (La Habra, California. Internet. Devocional del 18 de diciembre del 2022 en: El Amor que Vale, sobre "Toda PALABRA de Dios es LIMPIA; Él es escudo a los que en Él esperan" (Proverbios 30:5), ¿? <LightSource@luzmundialemail.com>

Ahora bien, "pero si no hay Dios – que nos ponga reglas - ¿nos sentimos cómodos con la idea de que no hay nada más en este mundo que lo que vemos a simple vista? Yo creo que el espíritu humano desea algo más.

Y si hay un Dios, pero es completamente impersonal y no nos responsabiliza por nuestras acciones, entonces, ¿estamos listos para aceptar que no hay tal cosa como correcto o incorrecto, bueno o malo?"[360] Y que, el *Padre Eterno* no tiene ningún interés en nosotros. Sería como un padre que les dice a sus hijos: *"Hagan lo que les dé la gana".* ¿Qué clase de padre es este? Un irresponsable; uno que no ama a sus hijos, porque el que los ama los corrige. El Padre Eterno del que habla el profeta Isaías no es un padre irresponsable sino amoroso, uno que disciplina a sus hijos para el bien de ellos.

El *Padre Eterno* profetizado por Isaías tiene un plan maravilloso para la humanidad, es un plan que ha revelado paulatinamente. Es Su Plan Redentor. Lo ha revelado paulatinamente de tal manera que lo entendamos correctamente y que lleguemos a aceptar que la verdad absoluta se encuentra en el *Padre Eterno.* "Al revelar su plan paulatinamente, Dios proveyó incontables *símbolos y profecías confirmadoras* a la humanidad, además de múltiples

---

[360] Mitch Glaser. Isaías 53: Una explicación: Este Capítulo cambiará su vida. Trd. Marta Sedaca. (Nueva York. Chosen People Productions. 2010), 72-73.

testigos confirmadores, para que las generaciones posteriores pudieran conocer con certeza el mensaje del único Dios verdadero".[361] Es decir, de un Dios que es *El Padre Eterno* en cual no existen cambios; de un *Padre Eterno* cuya verdad es absoluta y, la verdad que tiene la Biblia en cuanto al *Padre Eterno* es igualmente absoluta. Una verdad como la del nacimiento de Jesús en Belén de Judea, la cual no es en ninguna manera un mito o una leyenda y mucho menos un cuento, sino que es la verdad pura y justificada por la cual, hoy podemos decir sin titubear o dudar de si es verdad o no: *¡Feliz Navidad!*

CONCLUSIÓN.

Daniel, uno de los comentaristas en Contacto Deportivo de Univisión, el día 29 de diciembre del 2022, comentado sobre la muerto de Edson Arantes do Nascimento, más conocido como *Pelé,* dijo que este astro del futbol nació en 1940 y murió en 2022 y con ello, *Pelé* se volvió eterno y una leyenda.

Sí, efectivamente, *Pelé* fue uno de los grandes futbolistas y su memoria perdurará en los amantes del deporte; su legado será una hermosa leyenda. Y, también, se ha convertido en una persona eterna. Pero no solo él es eterno, todos los seres humanos

---

[361] P. D. Bramsen. *Un Dios un mensaje: Descubre el misterio, haz el vieje.* Trd. Carlos Tomás Knott. (Grand Rapids, Michigan. Editorial Portavoz, filial de Kregel Publications. 2011), 189.

son eternos, la muerte física es sólo un paso a la eternidad.

Pues bien, aunque *Pelé* se haya convertido en eterno, la Biblia nos dice que entre todos los eternos, sólo existe un *Padre Eterno*, uno que nació, no en Brasil ni que es una leyenda, sino que nació en Belén de Judea hace un poco más de dos mil años y que Es Cristo Jesús. ¡Él es *El Padre Eterno*! *Pelé* fue el rey del futbol, pero Jesucristo es el "Rey de reyes y Señor de los señores".[362] ¡Es *El Padre Eterno*! Y, ¡no es una leyenda!, ¡Es *El Padre Eterno*!

Este *Padre Eterno* es un Padre muy humano. Nació como todos los seres humanos, nació de una mujer llamada María, creció y vivió como un ciudadano judío en Nazaret de Galilea y, al final de su Ministerio Terrenal, murió como mueren todos los seres humanos, solamente que él murió colgado de una cruz en el monte Calvario, en Jerusalén. *El Padre Eterno* ES muy humano.

Al morir en una cruz, llegó a ser un Padre que tomó nuestro lugar. Como un amante Padre que desea lo mejor para sus hijos, aunque le costará la vida, tuvo el valor de llegar a la cruz con el fin de tomar el lugar de cada uno de nosotros que estábamos en la lista de condenados a la muerte eterna. Al tomar El nuestro lugar, nosotros, hijos del *Padre Eterno*, ¡tenemos vida eterna!

---

[362] Apocalipsis 19:16, (RV, 1960).

La razón de que ya tenemos vida eterna es porque nuestro *Padre Eterno* es un Padre inmutable. Es un Dios que no cambia. Él nos prometió la vida eterna.[363] Nació en Belén de Judea con ese fin, salvarnos y darnos vida eterna.

Entonces, pues, en *El Padre Eterno* reconocemos nuestra humanidad, seres vivientes que un día nacimos y un día moriremos. En *El Padre Eterno* encontramos un Padre lleno de amor y misericordia a tal grado que murió para darnos vida eterna y. en *El Padre Eterno* encontramos una seguridad inigualable, Él es inmutable; no cambia su propósito de salvarnos y darnos vida eterna es segura, pues siendo *El Padre Eterno*, ¡existe la seguridad eterna!

Es, pues, al *Padre Eterno*, es decir, a Jesucristo, el que nació en Belén de Judea en tiempos del rey Herodes, que, en estos días navideños debemos adorarlo celebrando *Su Natalicio* y felicitándolo con las palabras: *¡Feliz Navidad!*

---

[363]   Juan 10:28.

PRÍNCIPE DE PAZ.

*"Porque un niño nos es
nacido, hijo nos es dado,
y el principado sobre su
hombro; y se llamará su
nombre Admirable, Consejero,
Dios Fuerte, Padre Eterno,
Príncipe de Paz".*

Isaías 9:6, (NVI).

INTRODUCCIÓN.

¡Ah, cuanto necesitamos estar en paz! Necesitamos estar en paz con Dios; necesitamos estar en paz con nuestros vecinos y necesitamos estar en paz con nosotros mismos. La desesperación es una mala compañía. Fue en la búsqueda de paz que el Salmista David llegó ante el *Príncipe de Paz* con una súplica. El Salmo 55 habla de "un hombre atemorizado por las amenazas de sus enemigos (v.3-9ª). David estaba temeroso del desorden en la sociedad de su tiempo (v.9b-11). Suplica porque fue traicionado por un amigo (v.12-13;20-21)".[364]

---

[364] Comentario en la *Biblia de Estudios Esquematizada. Reina Valera, 1960.* (Brasil. Sociedades Bíblicas Unidas. 2010), 829.

207

La necesidad de obtener paz con sus vecinos y la necesidad de tener paz consigo mismo, se hacen notar en sus palabras, pues su suplica al *Príncipe de Paz* comienza con estas palabras:

"Dios mío, escucha mi oración;
no desatiendas mi súplica.
Hazme caso, contéstame;
en mi angustia te invoco.
Me hacen temblar la voz del enemigo
y los gritos de los malvados.

Me han cargado de aflicciones;
me atacan rabiosamente.
El corazón me salta en el pecho;
el terror de la muerte ha caído sobre mí.
Me ha entrado un temor espantoso;
¡estoy temblando de miedo!
Y digo: 'Ojalá tuviera yo alas como de paloma;
volaría entonces y podría descansar'."[365]

El salmista no encontró un mejor lugar para exponer sus sentimientos. Llegó ante el Único que puede dar la verdadera paz, y que, por eso, uno de sus nombres, profetizado unos setecientos años antes de nacer, en el pesebre de Belén de Judea, por el profeta Isaías, es: *Príncipe de Paz.*

---

[365] Salmo 55:1-6, (DHH).

Así que, hoy les invito a que pensemos en tres actividades que puede realizar el *Príncipe de paz* en nuestras vidas y en el mundo que nos ha tocado vivir, si es que se lo permitimos. El *Príncipe de paz* no es un jefe que impone su leyes o condiciones, las presenta, pero, deja a la opción a la persona para escoger. Es Dios de paz sí, pero no te impondrá la paz si tu no quieres.

Lo cierto es que: Al mundo le llegó la paz. Le llegó con una persona. Es una persona de paz que fue anunciada por un coro angelical una noche en los campos de la aldea de Belén de Judea. Llegó a este mundo el *Príncipe de paz* porque este mundo está convulsionado.

I.- AL MUNDO LE LLEGÓ LA PAZ.

Cuando el apóstol Pablo les da la bendición final a los cristianos de Tesalónica, en su Segunda Carta, les dice: "Y que el mismo Señor de la paz les dé la paz a ustedes en todo tiempo y en todas formas. Que el Señor esté con todos ustedes".[366] ¡Qué gran deseo del apóstol Pablo! El apóstol sabía de la necesidad de la paz en nuestras actividades cotidianas. Pablo había estado, y estaba cuando escribió este texto, en situaciones en donde la paz interior y la paz de Dios eran Imprescindibles.

---

[366] 2 Tesalonicenses 3:16, (DHH).

Por esa causa, "el apóstol desea que Dios – quien es el *Príncipe de Paz* – dé a los tesalonicenses '*la paz continuamente* (gr. *diá pantós*) *y en toda clase de circunstancias*' (ya sea '*en panti tropo*', en todas las maneras, como tienen la mayoría de los MSS, o '*en panti tópo*, en todo lugar, según aparece en algunos MSS menos importantes)".[367] Es decir, ya sea de todas las maneras o en todo lugar, lo que importa es que el *Príncipe de Paz* ejercite su don sobre los que estamos necesitados de paz.

Recordemos que el *Príncipe de Paz* ha dicho: "Les dejo un regalo: paz en la mente y en el corazón. Y la paz que yo doy es un regalo que el mundo no puede dar. Así que no se angustien ni tengan miedo".[368] Ya Jesús les había dado las principales enseñanzas de la vida cristiana a sus discípulos, ¿qué más les podría dejar? Su tiempo terrenal estaba llegando a su fin; el Ministerio Terrenal por el cual él había nacido en Belén de Judea, estaba casi terminado, Jesús, se encaminaba hacia la cruz. ¿Qué más les podría dejar a sus discípulos? El apóstol Pablo les dijo a los cristianos de Corinto: "Ya conocen la gracia de nuestro Señor Jesucristo, que, aunque era rico, por

---

[367] Matthew Henry. *2 Corintios - Hebreos: Comentario exegético devocional a toda la Biblia*. (Terrassa (Barcelona), España. Editorial CLIE. 1989), 339.

[368] Juan 14:27, (NTV).

causa de ustedes *se hizo pobre*, para que mediante su pobreza ustedes llegaran a ser ricos".[369]

Así que, "realmente aquella noche, la de la despedida de los Suyos, no tenía nada, humanamente hablando que dejarles como recuerdo. Todo lo que tenía estaba ya comprometido para ser entregado: los vestidos a los soldados que le crucificarían (Jn.19:23-24); su madre a Juan (Jn 19:27); Su reino, a un ladrón arrepentido (Lc. 23:42-43); el espíritu lo daría al Padre (Jn 19:30); el cuerpo a José de Arimatea, para ser sepultado (Jn 19:30). Pero, tenía algo esencial que nadie sino Él podía tener y que les iba a dejar a los discípulos: *La paz*".[370] Pues, Él era y ES *El Príncipe de paz*.

¡Bendita paz que emana del *Príncipe de paz*! "Dice L. Morris: 'La paz por la que el apóstol ora es la que ha de permanecer constantemente y no ha de variar por mucho que se alteren las circunstancias exteriores y las condiciones"[371] que se presenten en el caminar del *Modus Vivendus*.

Pues bien, les repito que el que había nacido en Belén de Judea, ahora que ya está por cumplir su Ministerio Terrenal, se despide de sus amados anunciándoles la promesa del Espíritu Santo que

---

[369] 2 Corintios 8:9, (NVI). Las **bolds** e *itálicas* son mías.

[370] Samuel Pérez Millos. *Comentario exegético al texto griego del Nuevo Testamento. JUAN.* (Viladecavalls (Barcelona), España. Editorial CLIE. 2016), 1377.

[371] Matthew Henry. *2 Corintios - Hebreos: Comentario exegético devocional a toda la Biblia.* (Terrassa (Barcelona), España. Editorial CLIE. 1989), 339.

vendría a estar con ellos para darles la paz que Cristo les ha prometido. Así que, "Jesús se despide, no sólo con un deseo de paz … sino, efectivamente, dando la paz (Juan 20:19, 21, 26). Esa paz, que había sido prometida para el tiempo de la venida del Mesías (Is. 52:7, Ez.37:26), no es una simple ausencia de conflictos de todo tipo, sino que es salud y bienestar físico, espiritual y moral (Núm. 6:26; Sal. 29:11; Juan 16:35; 20:19)".[372]

El compositor estadounidense Rvd. Warren Donald Cornel, basándose en la expresión: *"Fuera entonces tu paz como un río"*, de Isaías 48:18, escribió el hermoso himno titulado: *Paz, Paz, Cuán dulce Paz*. Las dos primeras estrofas y el coro de esta melodía dicen así:

"En el seno de mi alma, una dulce quietud
se difunde embargando mi ser,
una calma infinita que sólo podrán
los amados de Dios comprender.

PAZ, PAZ, ¡CUÁN DULCE PAZ!
ES AQUELLA QUE EL PADRE ME DA.
YO LE RUEGO QUE INUNDE
POR SIEMPRE MI SER
EN SUS ONDAS DE AMOR CELESTIAL.

---

[372] Comentario de pie de página en la *Biblia de Estudio Esquematizada, RV, 1960* (Brasil. Sociedades Bíblicas Unidas. 2010), 1592.

¡Qué tesoro yo tengo en la paz que me dio!
y en el fondo del alma ha de estar
tan segura que nadie quitarla podrá,
mientras miro los años pasar".[373]

¡Ah, bendita paz de Dios! ¡Bendita paz que el *Príncipe de paz* nos da "mientras miro los años pasar"! En el día determinado por Dios, ¡Al mundo le llegó el *Príncipe de la paz*! Llegó a Belén de Judea en el tiempo preciso y en el lugar correcto de acuerdo con la profecía de Miqueas. Es decir que, *El Natalicio* de Jesús, ni fue un mito ni algo inesperado. Fue dentro de la misma voluntad del *Príncipe de Paz*.

Así que hoy, con esa bendita paz que *El Príncipe de Paz* nos ha dejado como herencia, gritemos a voz a cuello: *¡Feliz Navidad! ¡Jesús, Feliz Navidad!*

II.- El anuncio angelical de la llegada del Príncipe de Paz.

En Isaías capítulo nueve, el profeta anunció el nacimiento del *Príncipe de Paz*. El nacimiento de ese niño ya había sido anunciado en Isaías 7:14-16 y señalado en Isaías 8:1-4, se trata del descendiente de David que daría libertad a su pueblo y gobernaría en

---

[373] Warren Donald Cornel. *Paz, paz, cuán dulce paz.* (El Paso, Texas. Casa Bautista de Publicaciones. Himnario Bautista. 1986). Himno no. 477.

justicia y paz".[374] Isaías, pues, profetizó su llegada a este mundo con estas palabras:

"Porque nos ha nacido un niño, se nos ha concedido un hijo; la soberanía reposará sobre sus hombros, y se le darán estos nombres: Consejero admirable, Dios fuerte, Padre eterno, *Príncipe de paz.*
Se extenderán su soberanía *y su paz*, y no tendrán fin.
Gobernará sobre el trono de David y sobre su reino, para establecerlo y sostenerlo con justicia y rectitud desde ahora y para siempre. – *En paz* -.
Esto lo llevará a cabo el celo del Señor Todopoderoso".[375]

Volvamos a recordar aquel interesante relato lucano donde algunos ángeles les anunciaron a los pastores de Belén de Judea la presencia del *Príncipe de paz* entre ellos. Dentro del mensaje angelical se escuchó un himno que a la letra dice: *"Gloria a Dios en las alturas, y en la tierra paz a los que gozan de su buena voluntad"*.[376]

Parte de la cultura entre los judíos era "que cuando nacía un niño se reunían los músicos del

---

[374]   Comentario en la *Biblia de Estudio Esquematizada. RV, 1960.* (Brasil. Sociedades Bíblicas Unidas. 2010), 1017.

[375]   Isaías 9:6-7, (NVI). Las **bolds** e *itálicas* son mías.

[376]   Lucas 2:14, (NVI).

pueblo para celebrarlo y darle la bienvenida con la sencilla música. Jesús nació en un establo de Belén, que no era donde residían sus padres, así es que no se pudo llevar la fiesta; pero es hermoso pensar que, aunque no había músicos del pueblo, los músicos el Cielo ocuparon su lugar, y los ángeles le cantaron a Jesús la bienvenida que no pudieron cantarle los hombres".[377]

El anuncio angelical de la llegada del *Príncipe de paz* se pronuncia en la oscuridad. Un ángel es el encargado de abrir la escena nocturna con una gran luz que opacó por completo la luz de las antorchas y fogatas de los pastores. Lucas dice que "La gloria del Señor los envolvió en su luz".[378]

El Dios de paz, "salió del seno de María, pero resplandece como si estuviera en el cielo: yace en un pesebre de la tierra, pero brilla con la luz del cielo".[379] ¡Fuera tinieblas de temor! ¡Fuera tinieblas de inseguridad! ¡Fuera tinieblas de intranquilidad! *El Príncipe de paz* había llegado hasta ellos. Y, de ellos a nosotros. ¡*El Príncipe de paz* está con nosotros!

"Con la fuerza de sus ejércitos, el emperador Augusto había impuesto en el mundo la llamada paz romana. Por eso era venerado como un dios. Pero

[377] William Barclay. *Comentario al Nuevo Testamento. Volumen 4: Lucas.* (Terrassa (Barcelona), España. Editorial CLIE. 1994), 39

[378] Lucas 2:9, (NVI).

[379] Santo Tomas De Aquino. *Comentarios: Evangelio de Lucas. Comentario de San Ambrosio.* (Riverside, California. Catena Aurea. Ivory Falls Books. 2016), 63.

aquí, Lucas deja en claro que la verdadera paz viene de Dios, y que la da Aquel que es el Mesías y Señor (Luc. 2:11)".[380] Al cual el profeta Isaías le ha puesto entre sus nombres: *Príncipe de paz.*

Al parecer el canto del coro angelical no solamente fue escuchado por los pastores de Belén, sino que, al parecer, también fue escuchado por el enemigo número uno de Dios. Así que: "Satanás también tomó nota del *Nacimiento de Jesús*. Pero él – no fue a felicitar al niño, sino que - hizo un gran esfuerzo por arruinar el plan de Dios. Incitó al rey Herodes a destruir al recién nacido Rey. Herodes mandó matar a todos los niños varones menores de dos años de Belén y de todos sus alrededores".[381]

Satanás nunca se cansa de hacer planes para arruinar el bien que Dios desea para la humanidad. Y, sin embargo, el mensaje de los ángeles nos ayuda para pensar y meditar en "como la providencia divina se cuida de afirmar la fe. Un ángel instruye a María, un ángel instruye a José y un ángel instruye a los pastores, de quienes se dice que: 'Estaban velando en aquellos contornos'."[382] También en un sueño, posiblemente también un ángel, les avisó a los sabios

[380] Comentario de pie de página en la *Biblia de Estudio Esquematizada, RV, 1960.* (Brasil. Sociedades Bíblicas Unidas. 2019), 1492

[381] Juan Mast. *Un niño nos es nacido.* Artículo en La Antorcha de la Verdad: Revista bimestral. (Costa Rica, C.A. Publicadora la Merced. Noviembre-diciembre del 2022. Volumen 36, Número 6), 11.

[382] Santo Tomas De Aquino. *Comentarios: Evangelio de Lucas.* Comentario de San Ambrosio. (Riverside, California. Catena Aurea. Ivory Falls Books. 2016), 63.

del oriente que no fueran a Jerusalén para notificar a Herodes del niño Rey que habían adorado en Belén de Judea, sino que escogieran otro camino para regresar a su tierra. Pero, los pastores de Belén, en su vigilia reciben el anuncio angelical de la llegada del *Príncipe de paz.*

En el caso de nosotros no necesitamos que un ángel nos instruya porque tenemos las Biblia y al autor de la Biblia con nosotros: ¡Tenemos dos admirables maestros para que nos instruyan en todo lo que necesitemos mientras permanezcamos en este mundo! ¡El Dios de toda clase de paz está con nosotros! Por esta justa razón, debemos adorarlo y felicitarlo diciéndole: *¡Feliz Navidad!*

III.- Mundo convulsionado.

En nuestro mundo contemporáneo reina los trastornos mentales; existe el temor de caminar por las calles, de asistir a reuniones, de esperar el camión urbano o de caminar en los pasillos y escaleras del tren subterráneo, es un temor de encontrase con una persona que nos cause daño físico. Existe el temor de que, en una reunión, una persona tome un fusil y comience a disparar a discreción. La guerra Ucrania/Rusia continua y no hay todavía una víspera de cese al fuego. Al contrario, la amenaza nuclear ahora está latente. Molly Hennessy-Fiske, corresponsal de

Los Ángeles Time, dice que: "Putin pone las fuerzas nucleares en alerta máxima, pero ¿hay motivos para preocuparse? -y al parecer si los hay, pues -El presidente Vladimir Putin conjuró el espectro de la guerra nuclear durante los feroces enfrentamientos de la semana pasada en Ucrania, instruyendo al ejército de Rusia a colocar las fuerzas atómicas en 'alerta máxima de ofensiva', un 'régimen especial de servicio de combate'."[383]

Temblores, terremotos, inundaciones, gente bajo el hielo es lo que vemos y escuchamos en las noticias y algunos experimentamos estos cambios y azotes de la naturaleza. Betsy Reed, una de las editoras de *The Guardian US*, el sábado 25 de marzo del 2023, escribió las siguientes lamentables palabras: "Tormentas devastadoras y al menos un gran tornado que arrasó la zona rural de Mississippi el viernes por la noche dejó 25 personas muertas en el estado, docenas de heridos y trabajadores de rescate que sacaron a personas de los escombros durante todo el sábado, mientras el estado se tambaleaba por su mayor número de muertes relacionadas con tornados en décadas.

El clima severo golpeó varios estados del sur durante la noche cuando los centros de destrucción

---

[383]   Molly Hennessy-Fiske. *Todas las respuestas sobre la amenaza nuclear de Rusia*. (La Habra, California. Internet. Consultado el 27 de marzo del 2023), https://www.latimes.com/espanol/eeuu/articulo/2022-03-02/todas-las-respuestas-sobre-la-amenaza-nuclear-de-rusia

emergieron el sábado por la mañana como las pequeñas ciudades de mayoría negra de Rolling Fork y Silver City en el delta del Mississippi.

Cuando se reveló la magnitud de la devastación, el alcalde de Rolling Fork, Eldridge Walker, declaró: 'Mi ciudad se ha ido'."[384] ¡Vivimos en un mundo convulsionado!

Esto es lo que vemos y escuchamos. Es decir que, en este mundo convulsionado y en nuestro tiempo: "Esto es sólo la parte visible del iceberg. Pensemos en todos los informes policiales de todas las grandes ciudades - del Planeta tierra -. ¿Qué nos dice esto de la venida del *Príncipe de Paz?* Nos recuerda que la venida de Jesús en Belén de Judea no fue un encantamiento mágico – ni algo mitológico - que hiciese que todo lo malo se desvaneciera. La paz que se prometió en Su venida es una quietud individual del alma, que es experimentada sólo por aquellos que aceptan Su don de salvación. … En esta estación de *Navidad* agradecemos a Dios que haya enviado a Jesús para darnos la paz de los pecados perdonados".[385] Paz y perdón que nadie más pueden

---

[384] Betsy Reed. Editor, *The Guardian. Tornado de Mississippi en EE. UU.*: el número de muertos de 25 es el más alto en el estado en el siglo 21 Las muertes por tornado son las peores en 50 años, y se esperan tormentas más severas en la región el domingo. (La Habra, California. Internet. Consultado el 27 de marzo del 2023), ¿? https://www.theguardian.com/us-news/2023/mar/25/tornado-deaths-mississippi-alabama-rolling-fork

[385] J. D. B. *¿Dónde está la paz?* (Nuestro Pan diario: Julio-agosto-septiembre-octubre-noviembre-diciembre. (Horeb en Viladecavalls (Barcelona), España Publicado por M. C. E. 1993). Devocional del día 23 de diciembre sobre Lucas 2:1-16.

dar estas bendiciones sino solamente Aquel que es el *Príncipe de Paz.*

Cuando Jesús nació en Belén de Judea no existía mucha diferencia con nuestro tiempo. Hoy son las personas del pueblo de las que hay que tener cuidado, en tiempos de Jesús eran las personas del poder las desquiciadas, violentas y enfermas mentalmente.

Saúl Díaz Patatuchi, un exalumno del *Centro Educativo Indígena* (Hoy *Escuela Bíblica y Misionera*) en la ciudad de Córdoba, Veracruz, México, contestando la pregunta: ¿De Nazaret puede salir algo bueno?, dicha por Natanael a Felipe, uno de los discípulos de Jesús.[386] Ante esta pregunta, Saúl Días P., dice que: "Ante los hechos violentos que desató Herodes al convocar a los principales sacerdotes y los escribas del pueblo para preguntarles ¿dónde había de nacer el Cristo? y estos le contestaron 'En Belén de Judea'. (Mateo 2:4,5)".[387] Se comienza una trama de planes para el asesinato del recién nacido.

Ahora bien, "Herodes era simultáneamente judío y antijudío; partidario y benefactor de la civilización grecorromana, y al mismo tiempo un bárbaro oriental

---

[386] Juan 1:46.

[387] Saúl Díaz Patatatuchi. *¿De Nazaret puede salir algo bueno?* (La Habra, California. Internet. Consultado el 15 de marzo del 2023. Documento enviado a mi celular). Sin número de página.

capaz de cometer crueldades inenarrables".[388] La Biblia dice que llegaron a Jerusalén, al Palacio de Herodes, un grupo de sabios orientales preguntando por el niño rey que había nacido en ese territorio. La llegada de los sabios con un mensaje de un nuevo rey perturbó a Herodes y a los habitantes de Jerusalén. El relato bíblico dice que: "Cuando lo oyó el rey Herodes, se turbó, y toda Jerusalén con él. Así que convocó de entre el pueblo a todos los jefes de los sacerdotes y maestros de la ley, y les preguntó dónde había de nacer el Cristo. —En Belén de Judea —le respondieron—, porque esto es lo que ha escrito el profeta: *'Pero tú, Belén, en la tierra de Judá, de ninguna manera eres la menor entre los principales de Judá; porque de ti saldrá un príncipe que será el pastor de mi pueblo Israel'*.

Luego Herodes llamó en secreto a los sabios y se enteró por ellos del tiempo exacto en que había aparecido la estrella. Los envió a Belén y les dijo: —Vayan e infórmense bien de ese niño y, tan pronto como lo encuentren, avísenme para que yo también vaya y lo adore".[389]

Los sabios fueron y, efectivamente, encontraron al niño Jesús en una casa alquilada en Belén de Judea. Mientras estaban allí, el Señor les dijo a los

---

[388] Saúl Díaz Patatatuchi. *¿De Nazaret puede salir algo bueno?* (La Habra, California. Internet. Consultado el 15 de marzo del 2023. Documento enviado a mi celular). Sin número de página.

[389] Mateo 2:3-8, (NVI).

sabios que no fueran de regreso a Jerusalén, sino que buscaran otro camino para regresar hacia su tierra. Así lo hicieron. No le dieron ninguna respuesta a Herodes.

La Biblia continua su relato de este incidente y dice que: "Cuando Herodes se dio cuenta de que los sabios se habían burlado de él, se enfureció y mandó matar a todos los niños menores de dos años en Belén y en sus alrededores, de acuerdo con el tiempo que había averiguado de los sabios. Entonces se cumplió lo dicho por el profeta Jeremías:

> 'Se oye un grito en Ramá, llanto y gran
> lamentación; es Raquel, que llora por sus
> hijos y no quiere ser consolada; ¡sus hijos
> ya no existen!'."[390]

"Herodes tenía miedo de que este Niño pudiera interferir en su vida, su posición, su poder, su influencia. Si sospechaba que alguien pudiera ser un rival en el poder, eliminaba a esa persona a toda prisa. Asesinó a su esposa Mariamne y a su madre Alejandra; también asesino a tres de sus hijos. Tal era su crueldad que el emperador romano Augusto dijo que: 'Estaba más a salvo un cerdo de Herodes que un hijo de Herodes'. Herodes el Grande como se le conocía, dejó en el trono a su hijo Arquelao,

---

[390] Mateo 2:16-18, (NVI).

quien gobernó con crueldad y tiranía a sus súbditos de Judea, Idumea y Samaria".[391]

La narrativa bíblica dice que: "Después de que murió Herodes, un ángel del Señor se le apareció en sueños a José en Egipto y le dijo: 'Levántate, toma al niño y a su madre, y vete a la tierra de Israel, que ya murieron los que amenazaban con quitarle la vida al niño'.

Así que se levantó José, tomó al niño y a su madre, y regresó a la tierra de Israel. Pero, al oír que Arquelao reinaba en Judea en lugar de su padre Herodes, tuvo miedo de ir allá. Advertido por Dios en sueños, se retiró al distrito de Galilea, y fue a vivir en un pueblo llamado Nazaret. Con esto se cumplió lo dicho por los profetas: 'Lo llamarán nazareno'."[392] Con esta narrativa ya entendemos por qué José, al volverse de Egipto, decide llevarse al niño a Nazaret en la provincia de Galilea.

¡Sí que era un mundo convulsionado en los tiempos que nació Jesús! Eran un mundo que necesitaba a un gobernante que impulsara la paz con un reino y gobernante de paz. ¡Y allí llegó! ¡Llegó a ese mundo convulsionado *El Príncipe e Paz*! Hoy, por la gracia otorgada por *El Príncipe de Paz*, podemos celebrar

---

[391] Saúl Díaz Patatatuchi. *¿De Nazaret puede salir algo bueno?* (La Habra, California. Internet. Consultado el 15 de marzo del 2023. Documento enviado a mi celular). Sin número de página.

[392] Mateo 2:19-23, (NVI).

La Natividad de Jesucristo y decirle abiertamente: *¡Feliz Navidad!*

CONCLUSIÓN.

¿Mitología? Nada de eso en la celebración del nacimiento de Jesús en la aldea de Belén en el territorio que era gobernado por el rey Herodes I el Grande. *El Natalicio* o nacimiento de Jesús, lejos de que sea una leyenda mitológica o un cuento de hadas y duendes, es una historia que, hoy por hoy nos proporciona grandes lecciones historias, bíblicas, teológicas y eclesiológicas como, por ejemplo: el saber que al mundo le llegó la paz con la presencia de un Personaje Divino que se atrevió a relacionarse con la humanidad, toda ella pecadora e inquieta social y emocionalmente. Un personaje Celestial que llegó a nuestro mundo hace unos dos mil años, en un pesebre de la aldea de Belén. Allí, ¡le llegó la paz a nuestro mundo! Le llegó porque allí, en esa aldea, ¡nació *El Príncipe de Paz*!

No por su llegada, el mundo ya tiene paz. No, pero *El príncipe de Paz* está en este mundo ofreciendo Su paz. Su llegada a este mundo no fue anunciada ni preparada por los medios de comunicación comunes, y, por eso, aun los sabios del oriente tuvieron que preguntar en donde había nacido el Rey de Israel; es decir, al que Isaías le llamó: *Príncipe de Paz*. Este

Personaje Divino, había sido anunciado a los profetas y estos a sus oyentes pero, al parecer, eran noticias muy viejas para los judíos, tan viejas que las habían olvidado.

Sin embargo, cuando nació en Belén de Judea, fue anunciado por seres angelicales; es decir que, el mismo Cielo anunció su presencia en la tierra; Nadie sabía de su presencia; Nadie lo estaba esperando; Nadie pensaba en tan tremendo riesgo divino. Aun así, el anuncio angelical de la llegada del *Príncipe de Paz* fue con gran esplendor.

Cuando digo que *El Príncipe de Paz* se arriesgó a llegar humanamente hasta nosotros es porque, el mundo de su tiempo al igual que nuestro mundo estaba convulsionado. Los asaltos, los efectos o consecuencias de las guerras macabeas aun se palpaban entre la sociedad judía. La esclavitud romana era una cosa agobiante y, en lo espiritual, no había valores morales.

Aun así, *El Príncipe de Paz* decidió llegar con el fin de implantar Su paz en las vidas de los seres humanos que creyesen en Su Ministerio Salvífico.

Los que le hemos creído y aceptado la propuesta del perdón de nuestros pecados; es decir su Ministerio Salvífico, hoy, en estos días invernales, le celebramos a Jesús su nacimiento y le decimos honrando su nombre: *¡Jesús, Feliz Navidad!*

Dios Soberano y Redentor

("... y el principado sobre su hombro").

Isaías 9:6, RV, 1960

Introducción.

Después de poco tiempo de evangelizar a las personas de *La Fuente Misteriosa*, un pueblo de origen Ojiteco, en el estado de Oaxaca, México, con los pocos que aceptaron el perdón de sus pecados y se convirtieron al Señor Jesucristo, entre ellos, uno de los líderes del pueblo de nombre José Quintero Miramón, comenzamos la construcción del futuro Templo Evangélico.

Aunque éramos pocos, el ánimo era grande. después de que se seleccionó el terreno para el edificio, el trabajo de los cimientos comenzó. En la zona de *La Fuente Misteriosa*, el calor es intenso y, si estás trabajando bajo el sol en el verano, ¡el sol es mucho más caliente!

Como a unos trecientos metros del terreno que se escogió para la construcción está un pequeño arroyo. Con tres burros y costales de plástico o nylon, comenzamos el acarreo de la arena desde el arroyo hasta la propiedad. Los burros cargaban dos costales llenos de arena, nosotros medio costal sobre nuestros hombros.

Después de unas horas de acarreo de la arena, el sol, la arena y el roce del plástico sobre nuestros hombros habían dejado huellas muy palpables. El dolor y el ardor ya eran muy fuertes sobre nuestros hombros.

Y, sin embargo, esos dolores y ardores, no fueron comparables con los dolores que padeció nuestro Redentor. Cuando el profeta Isaías habla de que el niño que nacería en Belén de Judea llevaría sobre sus hombros el peso de su gobierno, creo que el mismo profeta no comprendió el grado de dolor que le costaría. Cuando dijo que, "el gobierno descansará sobre sus hombros",[393] posiblemente no se imaginó el dolor que sufriría en el Ministerio Redentor que haría el niño de Belén que profetizó.

Aunque creo que alcanzó a visualizar los dolores de los filos de la cruz que Cristo cargó hacia el Gólgota, pues dice que fue desfigurado; que fue maltratado y que llevó nuestros dolores.[394] Pero no sólo llevó nuestros dolores, sino que, con su muerte en la cruz. Jesús es acreditado como *El Dios Redentor.* Esto

---

[393] Isaías 9:6, (NTV).

[394] Isaías 53:1-9.

es que, cuando el profeta dijo: "... y el principado sobre su hombro",[395] estaba anunciando el gobierno del Redentor del mundo: ¡Estaba anunciando al que llegaría para pagar la deuda del pecado!

I.- EL DIOS SOBERANO Y REDENTOR LLEGÓ A ESTE MUNDO HUMANADO.

La narrativa sobre el cumplimiento de la venida y el nacimiento del Mesías de Dios que había sido anunciado en el Antiguo Testamento, la encontramos en el Evangelio de Mateo. Es una narrativa que dice:

"El nacimiento de Jesús, el Cristo, fue así: Su madre, María, estaba comprometida para casarse con José, pero, antes de unirse a él, resultó que estaba encinta por obra del Espíritu Santo. Como José, su esposo, era un hombre justo y no quería exponerla a vergüenza pública, resolvió divorciarse de ella en secreto.

Pero, cuando él estaba considerando hacerlo, se le apareció en sueños un ángel del Señor y le dijo: 'José, hijo de David, no temas recibir a María por esposa, porque ella ha concebido por obra del Espíritu Santo. Dará a luz un hijo, y le pondrás

---

[395] Isaías 9:6, (RV, 1960).

por nombre Jesús, porque él salvará a su pueblo de sus pecados'.

Todo esto sucedió para que se cumpliera lo que el Señor había dicho por medio del profeta: 'La virgen concebirá y dará a luz un hijo, y lo llamarán Emanuel' (que significa 'Dios con nosotros')".[396]

El Evangelio de Mateo, "relata el evento que se había estado esperando desde que Adán y Eva pecaron en el huerto del Edén. Fue el nacimiento de Aquel que había de herir la cabeza de la serpiente tal y como Dios le había prometido en Génesis 3:15. Fue el cumplimiento de la promesa que Dios le había hecho a Abram cuando dijo: 'Y serán benditas en ti todas las familias de la tierra' (Génesis 12:3)".[397] Y, en el tiempo de Dios, o como dice el apóstol Pablo que, "cuando se cumplió el tiempo, Dios envió a su Hijo, que nació de una mujer, ...".[398] Fue en ese tiempo en que llegó el esperado. La redención de la humanidad estaba a la puerta, pues *El Dios Redentor* había llegado para tomar la forma humana y nacer en el insignificante pueblo de Belén de Judea.

El Profeta Habacuc, entre los años 605 y 597 a. C., estaba preocupado y se queja contra Dios.

---

[396] Mateo 1:18-22, (NVI).

[397] Juan Mast. *Un niño nos es nacido*. Artículo en La Antorcha de la Verdad: Revista bimestral. (Costa Rica, C.A. Publicadora la Merced. Noviembre-diciembre del 2022. Volumen 36, Número 6), 10.

[398] Gálatas 4:4ª, (DHH).

"Desilusionado, el profeta se queja por no entender como Dios tolera la violencia y la injusticia. – Y se pregunta: - ¿Será que a Dios no le importa?"[399] Y Dios le dice que los caldeos llegaran para acabar con todos los violentos. Le asegura que la justicia llegará. "Pues la visión se realizará en el tiempo señalado; marcha hacia su cumplimiento, y no dejará de cumplirse. Aunque parezca tardar, espérala; porque sin falta vendrá".[400]

El escritor de la Carta a los Hebreos toma esta declaración de Habacuc y dice: *"Y el que ha de venir vendrá, y no tardará"*.[401] El tema del escritor a los Hebreos es una advertencia al que peca deliberadamente, entonces, aquí, en esta cita tomada de Habacuc, el autor de los Hebreos, "le dice al profeta que simplemente no debe esperar el cumplimiento de la visión sino a una persona".[402] Una persona que vendrá a redimir o salvar al pueblo. Una persona que sin duda vendrá por eso la insistencia en espéralo.

En el contexto de Hebreos, el que peca deliberadamente después de conocer la bondad y la gracia de Dios debe de tener mucho cuidado porque

---

[399]   Comentario en la *Biblia de Estudio Esquematizada, RV, 1960.* (Brasil. Sociedades Bíblicas Unidas. 2010), 1337.

[400]   Habacuc 2:3, (NVI).

[401]   Hebreos 10:37, (Reina-Valera 1960).

[402]   F. F. Bruce. *La Epístola a los Hebreos.* Trd. Marta Márquez de Campanelli y Catharine Feser de Padilla. (Grand Rapids, Michigan. Nueva Creación. Filial de William B. Eerdmans Publishing Company. 1987), 277.

El Dios Soberano y Redentor vendrá como el juez de toda la tierra. Vendrá similar a lo que aconteció en La Navidad en la zona de Belén de Judea, ¡Nadie lo esperaba! Y, por eso nadie le dio un lugar adecuado para nacer. F. F. Bruce, dice que, de acuerdo con la Septuaginta,[403] *El Dios Soberano y Redentor* tendría que venir; es decir, "'vendrá con certeza', literalmente 'viniendo vendrá'."[404] *El Dios Soberano y Redentor* llegó desde su morada celestial a Belén de Judea. Pero el autor de los Hebreos, al tomar esta cita de Habacuc hace referencia a la Segunda venida de Jesucristo. Y, asegura que vendrá.

Moisés les había dicho a los israelitas que, de sus descendientes, Dios, les levantaría un profeta como él al cual deberían de escuchar.[405] El relato de Mateo confirma esta profecía y la declara cumplida. Luego, el profeta Isaías, dice que Dios enviaría un niño que sería el Mesías de Dios. Y, nuevamente, Mateo, afirma que el que había de llegar llegó y dice que: "Todo esto sucedió para que se cumpliera lo que el

---

[403] Wikipedia, La Enciclopedia Libre. *La Septuaginta.* Es la Biblia griega, comúnmente llamada Biblia Septuaginta o Biblia de los Setenta (en griego antiguo: ἡ Μετάφρασις τῶν Ἑβδομήκοντα; en griego moderno: Μετάφραση των Εβδομήκοντα; en latín: Septuaginta o Vetus Testamentum Graece iuxta LXX interpretes), y generalmente abreviada simplemente LXX, es una antigua recopilación en griego koiné de los libros hebreos y arameos del Tanaj o Biblia hebrea y otros libros, incluidos algunos escritos originalmente en griego. (La Habra, California. Internet. Consultado el 18 de enero del 2023), ¿? https:// es.wikipedia.org/wiki/Septuaginta

[404] F. F. Bruce. *La Epístola a los Hebreos.* Trd. Marta Márquez de Campanelli y Catharine Feser de Padilla. (Grand Rapids, Michigan. Nueva Creación. Filial de William B. Eerdmans Publishing Company. 1987), 277.

[405] Deuteronomio 18:15.

Señor había dicho por medio del profeta: 'La virgen concebirá y dará a luz un hijo, y lo llamarán Emanuel' (que significa 'Dios con nosotros')".[406] Casi al mismo tiempo del profeta Isaías, el profeta Miqueas anuncia el lugar en donde habría de nacer el Mesías de Dios; es el decir, el que habría de venir. Y nuevamente, el Evangelista Mateo afirma el cumplimiento de esta profecía con su narrativa sobre la visita de los sabios del oriente.[407]

Entonces, pues, a su debido tiempo, llegó el esperado *Dios Soberano y Redentor*. Llegó en el tiempo y lugar menos esperado por la humanidad. Llegó a Belén de Judea en tiempos del rey Herodes el Grande.[408]

II.- EL DIOS SOBERANO LLEGÓ PARA BENDECIR.

El apóstol Pablo dijo que "… la paga del pecado *es muerte*, mientras que *la dádiva* - o el regalo - *de Dios* es *vida eterna* en Cristo Jesús, nuestro Señor".[409] ¡Qué contraste en pocas palabras! "*Muerte*" contra "*Vida eterna*". Este contraste sólo es posible con la

---

[406] Mateo 1:22, (NVI).

[407] Mateo 2:1-6.

[408] Wikipedia, La Enciclopedia Libre. *Herodes*. Fue rey de Judea, Galilea, Samaria e Idumea entre los años 37 a. C. y 4 a. C.6 en calidad de vasallo de Roma. (Jesús nació en el año 5 o 6 a.C.). (La Habra, California. Internet. Consultado el 18 de enero dl 2023), ¿? https://es.wikipedia.org/wiki/Herodes_I_el_Grande

[409] Romanos 6:23, (NVI). Las **bolds** e *itálicas* son mías.

llegada a este mundo en forma humana del *Dios Soberano y Redentor*. "La relación de las personas con el pecado y con Dios se compara con una condición de esclavitud".[410] Sin la actuación directa de Dios, la gente es esclava del pecado y su futuro inmediato es la muerte.

Bien sabemos que, "no existe cultura, país, ciudad o familia, en donde el pecado no haga su obra destructiva. Vivimos metidos hasta el cuello en sus consecuencias: relaciones quebrantadas, odios y resentimientos, tristeza, problemas, pérdidas, dolor y muerte. Pero, por más que tratemos, no podemos deshacernos de ellas.

Es por todo eso que Dios vino al mundo en Jesucristo: para ser nuestro Salvador. Él es el único Ser humano que nunca cayó en la trampa del pecado y el único que puede liberarnos de esa trampa, pues el pecado no tiene poder sobre él".[411]

La Biblia cuenta que el rey David, cuando ya había establecido su reino, decidió cumplir la promesa que le hizo a Jonathan, el hijo del rey Saúl de que trataría bien a sus descendientes. Así que David preguntó si había alguien "de la casa de Saúl a quien haga

---

[410]   Comentario en la *Biblia de Estudio Esquematizada. RV, 1960.* (Brasil. Sociedades Bíblicas Unidas. 2010), 1684.

[411]   Alimento Diario. *Salvador.* (La Habra, California. Internet. Artículo publicado el 18 d diciembre del 2022. Consultado el mismo día, mes y año), ¿? https://www.bibliavida. com/devocionales/alimento-diario/alimento-diario-18-de-diciembre-2017.html

misericordia por amor de Jonathan".[412] Y, si lo había, estaba Mefi-boset un hijo de Jonathan. David, le dio todos los bienes que eran de su padre y su abuelo y además lo invitó a comer todo el tiempo a la mesa del rey. Es decir que, con este acto, se mostró la bondad de David hacia Mefi-boset y a toda la familia de Jonathan.

"La bondad de David para con Mefi-boset es un reflejo de la misericordia de Dios para nosotros".[413] Dios es misericordioso, no sólo es el Salvador del mundo, sino que también, *El Dios Soberano y Redentor,* es un Dios de toda bondad.

Ahora bien, ¿cómo *Dios Soberano y Redentor* ha mostrado o muestra su bondad hacia nosotros? ¡Claro que sí! Lo ha hecho de varias maneras y formas, pero enfaticemos el Acto Salvífico en el cual encontramos tres actos divinos que muestran la gran bondad del *Dios Soberano y Redentor.*

1.- Ofrecimiento de misericordia y gracia.

Cuando nada podíamos hacer, *El Dios Soberano y Redentor* nos ofreció Su misericordia y Su incomparable gracia. ¡Un gran acto de bondad divina!

---

[412] 2 Samuel 9:1, (RV, 1960).

[413] David C. Egner. *Un corazón como el de Dios.* (Nuestro Pan diario: Julio-agosto-septiembre-octubre-noviembre-diciembre. (Horeb en Viladecavalls (Barcelona), España Publicado por M. C. E. 1993). Devocional del día 1 de noviembre sobre 2 Samuel 9.

El apóstol Pablo dice que antes de ser cristianos "estábamos muertos a causa de nuestra desobediencia y de nuestros muchos pecados. Que vivíamos en pecado, igual que el resto de la gente, obedeciendo al diablo—el líder de los poderes del mundo invisible—, quien es el espíritu que actúa en el corazón de los que se niegan a obedecer a Dios. Todos vivíamos así en el pasado, siguiendo los deseos de nuestras pasiones y la inclinación de nuestra naturaleza pecaminosa. Por nuestra propia naturaleza, éramos objeto del enojo de Dios igual que todos los demás.

Pero Dios es tan rico en misericordia y nos amó tanto que, a pesar de que estábamos muertos por causa de nuestros pecados, nos dio vida cuando levantó a Cristo de los muertos. (¡Es sólo por la gracia de Dios que ustedes han sido salvados!)".[414] ¡Esta es obra maravillosa del *Dios Soberano y Redentor!*

2.- *Puesto de honor.*

Cuando aceptamos a Jesucristo como nuestro Salvador personal, desde ese mismo instante fuimos aceptados en los planes del *Dios Soberano y Redentor* y nos dio un puesto de honor; es decir, ¡somos sus hijos amados!

El apóstol Pablo dice que "ahora nosotros, los gentiles, ya no somos unos desconocidos ni

---

[414] Efesios 2:1-5, (NTV).

extranjeros. Sino que somos ciudadanos junto con todo el pueblo santo de Dios. Somos miembros de la familia de Dios. ... Que, por medio del *Dios Soberano y Redentor,* nosotros, los gentiles, también llegamos a formar parte de esa morada donde Dios vive mediante su Espíritu. ... Ya que el plan de Dios consiste en lo siguiente: tanto los judíos como los gentiles que creen la Buena Noticia gozan por igual de las riquezas heredadas por los hijos de Dios. Ambos pueblos forman parte del mismo cuerpo y ambos disfrutan de la promesa de las bendiciones porque pertenecen a Cristo Jesús".[415]

La bondad del *Dios Soberano y Redentor* no tiene igual. Nos perdonó, nos salvó y nos ha hecho miembros de Su Familia. Es decir, nos ha dado un puesto de honor: Hijos del Todopoderoso Dios. ¡Qué ironía! El que nació en un sucio pesebre, nos brinda lugar en el "Palacio Celestial". ¿¡Acaso no es esto una gran bondad de Dios!? ¿No esto un motivo para celebrar Su Nacimiento virginal y decirle: *¡Feliz Navidad!*?

---

[415] Efesios 2:19; 2:22; 3:6, (NTV) y, parafraseada por Eleazar Barajas.

3.- La bondad de Dios incluye provisión.

En el Sermón del Monte,[416] Jesucristo, aconsejó a sus seguidores que no se afanaran ni llegasen a la ansiedad, dos situaciones emocionales que nos pueden llevar a una desesperación o estrés que nos arruine la vida. Invita a estar con Él, invita a estar con el Padre celestial, en este caso, con el *Dios Soberano y Redentor*, el cual puede y quiere suplir todas las necesidades humanas.

En la cumbre de aquella montaña o ladera, Jesús, les dijo a sus oyentes: "Por eso les digo: No se preocupen por su vida, qué comerán o beberán; ni por su cuerpo, cómo se vestirán. ¿No tiene la vida más valor que la comida, y el cuerpo más que la ropa? Fíjense en las aves del cielo: no siembran ni cosechan ni almacenan en graneros; sin embargo, el Padre celestial las alimenta. ¿No valen ustedes mucho más que ellas? ¿Quién de ustedes, por mucho que se preocupe, puede añadir una sola hora al curso de su vida?

¿Y por qué se preocupan por la ropa? Observen cómo crecen los lirios del campo. No trabajan ni hilan; sin embargo, les digo que ni siquiera Salomón,

---

[416]　Sermón del monte. "El nombre de este discurso deriva de su marco geográfico, en 'la ladera de una montaña' de algún lugar de Galilea (5:1). El enclave tradicional coincide con el consenso más reciente al respecto, y lo sitúan en el Tabgha, cerca de Capernaum, sobre una cordillera situada al oeste del pueblo". Wilkins, J. Michael. *Comentario Bíblico con Aplicación: Mateo: del texto bíblico a una aplicación contemporánea*. (Nashville, Tennessee. Editorial Vida. 2016), 191.

con todo su esplendor, se vestía como uno de ellos. Si así viste Dios a la hierba que hoy está en el campo y mañana es arrojada al horno, ¿no hará mucho más por ustedes, gente de poca fe?".[417]

¡Wauuu, esto se llama bondad de Dios! Un lado de la moneda dice: *Dios proveerá*. En el otro lado dice: *De nada sirve preocuparse*. Si *El Dios Soberano y Redentor*, Aquel que nació en el sucio pesebre de Belén de Judea, si él, no nos muestra Su bondad, Su gracia, Su perdón y Su salvación, ¡estamos en camino a la ruina espiritual! Y, preocuparnos no nos librará.

¿Se dan cuenta que *La Navidad* es dar? Nosotros celebramos *La Navidad* dando y esperando un regalo. *El Dios Soberano y Redentor* se dio como un regalo a la humanidad para bendecirla, para mostrarles Su bondad y para redimirla de la esclavitud del pecado. La auténtica *Navidad* es Dar más que recibir. Jesucristo dio su vida por toda la humanidad aun sabiendo que no toda la gente aceptaría ni le daría las gracias por Su Obra salvífica. Dio sin esperar recompensa.

El pastor Rick Warren, comentando sobre Hechos 20:35, en donde el escritor dice: *"Hay más bendición en dar que en recibir"*, dice que: "Cuando era niño, no creía ese versículo. Era inmaduro y pensaba que era más divertido recibir que dar. Y la *Navidad*

---

[417] Mateo 6:25-30, (NVI).

siempre se trataba de mí: '¿Qué me van a dar?' Pero a medida que mis padres me enseñaron el valor de la generosidad, comencé a experimentar la alegría que proviene de dar. Lentamente comencé a madurar y entendí que realmente hay más alegría en dar que en recibir".[418]

Estamos, pues, hablando de que *El Dios Soberano y Redentor* llegó para bendecir. Y, esa bendición incluye Su amplia e incomparable bondad. Una bondad por la cual hoy que estamos celebrando *La Natividad de Jesús*, podemos agradecerle y deciles: *¡Feliz Navidad!*

III.- EL DIOS SOBERANO LLEGÓ PARA SER OBEDECIDO Y HONRADO.

Y he comentado sobre la adoración que le hicieron al niño Jesús en el Templo cuando fueron sus padres para pagar los votos requeridos por la ley. Cuando entraron al Templo, la narrativa lucana dice que "... estaba allí Ana, hija de Fanuel, de la tribu de Aser. Ana era una profetisa de edad muy avanzada... Nunca se apartaba del templo, sino que de día y de noche rendía culto a Dios con ayunos y oraciones. En ese mismo instante Ana se presentó, y dio gracias a Dios y habló del niño a todos los que

---

[418] Rick Warren. *La Alegría Viene de la Generosidad.* (La Habra, California. Internet. Devocional del día 14 de diciembre del 2022 sobre Hechos 20:35, (NTV). Consultado el mismo día, mes y año), ¿? <connect@newsletter.purposedriven.com>

esperaban la redención de Jerusalén"[419] No había micrófonos en el Templo, si los hubiera, las alabanzas de la anciana Ana se hubiesen escuchado en todo el centro de la ciudad de Jerusalén. Ella, pues, fue una de las personas que entendió que, El *Dios Soberano y Redentor,* en la ternura de un bebé, había llegado a este mundo para ser obedecido y honrado.

Me encanta el carácter de Ana. Me recuerda a muchas amigas, mujeres mayores que sirven a Dios en silencio, orando y adorando, pero sin hacer mucha bulla, porque eso es normal para ellas. Sin embargo, cuando Ana vio al niño Jesús por primera vez, ¡se puso a hablar de él a todos los que esperaban la redención de Jerusalén!

Ana conocía a esas personas. Las veía cada vez que entraban y salían del templo, y a menudo hablaba y oraba con ellas. Muchas veces habían hablado de la promesa de Dios de enviar un Salvador. Estaban esperando a Jesús.

Así es que, cuando el niño Jesús llega al templo, Ana rebosa de alegría y sale corriendo a contar la buena noticia a sus amigos: Dios había cumplido su promesa y había enviado un Salvador a Jerusalén y a todo el mundo.

Hoy en día esas buenas noticias han llegado a muchísimas personas, incluyéndote a ti. Piensa en lo que Dios ha hecho por ti: te ha sacado de la oscuridad,

---

[419]   Lucas 2:36-38, (RV, 1960).

te ha perdonado tus pecados, te ha rescatado del poder del diablo y te prometido vida eterna en vez de muerte. Todas estas cosas son tuyas gracias al redentor Jesús".[420] ¡Gracias por su Redención! Y una de las maneras de darle las gracias y adorar al *Dios Soberano y Redentor*, como lo hizo la anciana Ana, es diciéndole a Jesucristo: *¡Feliz navidad!*

CONCLUSIÓN.

Jesucristo, *El Dios Soberano Redentor*, en contra de todos los pronósticos, llegó a este mundo en el tiempo correcto; en el plan correcto y, con el propósito correcto. Llegó para cumplir la profecía dicha por el profeta Isaías que dice: "... y el principado sobre su hombro".[421] Es decir, llegó para seguir reinando, pero ahora en forma humana. Y esto, mi amigo o amiga lector, ¡no es un mito! ¡No es un cuento! ¡No es una leyenda! Es una verdad literaria; es una verdad bíblica; es una verdad histórica; ¡es un recuento de los inicios humanos del *Dios Soberano y Redentor* que nació en Belén de Judea en tiempos del rey Herodes I el Grande.

---

[420] Cristo para todas las naciones. *Devocional en Alimento Diario.* (La Habra, California. Internet. Devocional del 4 de Enero, 2018. Publicado el miércoles 4 de enero del 2023. Consultado el 4 de enero del 2023), ¿? https://www.bibliavida.com/devocionales/alimento-diario/alimento-diario-4-de-enero-2018.html

[421] Isaías 9:6, RV, 1960

Esta verdad, pues, dice que: Primero: Que *El Dios soberano y Redentor* llegó a este mundo humanado, pues nació de una joven llamada María, originaria de Nazaret, un pueblo de la Provincia de Galilea. Entonces, pues, a su debido tiempo, llegó el esperado *Dios Soberano y Redentor.* Llegó en el tiempo y lugar menos esperado por la humanidad. Llegó a Belén de Judea en tiempos del rey Herodes el Grande.

Segundo: Que *El Dios Soberano y Redentor* llegó para bendecir. El apóstol Pablo les dijo a los cristianos de Éfeso: "Bendito sea el Dios y Padre de nuestro Señor Jesucristo, que nos bendijo con toda bendición espiritual en los lugares celestiales en Cristo".[422] Así que, por la obra del *Dios Soberano y Redentor,* nosotros somos bendecidos para bendecir.

Y, en tercer lugar: Que *El Dios Soberano y Redentor* llegó para ser obedecido y honrado. La anciana Ana de Jerusalén nos ha puesto el ejemplo de cómo y por qué alabar al que nació en Belén de Judea. Para ella, como para muchos otros, la llegada de Jesús y su familia al Templo de Jerusalén para cumplir con las ordenanzas de la ley judía, ¡no fue ningún mito! Fue un motivo para adorarle.

Espero que la entrada a este templo, para celebrar esta *Fiesta Navideña* del *Nacimiento de* Jesucristo sea también para adorarlo y decirle confiadamente: *¡Feliz Navidad!*

---

[422] Efesios 1:3, (RV, 1960)

En Belén de Judea

"Pero de ti, Belén Efrata, pequeña entre los clanes de Judá, saldrá el que gobernará a Israel; sus orígenes se remontan hasta la antigüedad, hasta tiempos inmemoriales".

Miqueas 5:2, (NVI).

Introducción.

Belén de Judea es actualmente una ciudad de mucha fama. Su historia cuenta que era una ciudad habitada por los cananeos 3000 años antes de Cristo. En el tiempo de Jesucristo Belén era "una aldea sin murallas a una distancia de cinco millas al sur de Jerusalén, con poco más de un centenar de personas durante el período Herodiano".[423] "El censo de 2007 reveló una población de 25 266". Y, según la

---

[423] Guest Author. *Jesucristo: El Salvador y Redentor. ¿Cómo era Belén en el primer siglo?* (La Habra, California. Internet. Consultado el 14 de febrero del 2023), ¿? https://elcristo.org/43/%C2%BFcomo-era-belen-en-el-primer-siglo

periodista Áine Díaz, Belén en el 2020 tenía "unos 25.000 habitantes". [424]

"Según la tradición judaica la población pertenecía a la tribu de Judá … - con el tiempo -, Belén se convirtió en el lugar donde los profetas habían anunciado que nacería el Mesías. Pero también donde vio la luz el rey David. Precisamente, el nacimiento de Jesús en este lugar se debió a que José de Nazaret, esposo de María, era descendiente de David y, como el país se hallaba bajo dominación romana, sus habitantes debían acudir a su localidad de origen para empadronarse, de cara a que la potencia ocupante elaborase el censo fiscal".[425]

Este trasfondo histórico, el Evangelio de Lucas lo presenta en pocas palabras al decir que: "En esos días, Augusto, el emperador de Roma, decretó que se hiciera un censo en todo el Imperio romano. (Este fue el primer censo que se hizo cuando Cirenio era gobernador de Siria). Todos regresaron a los pueblos de sus antepasados a fin de inscribirse para el censo. Como José era descendiente del rey David, tuvo

---

[424] Wikipedia, la Enciclopedia Libre. *Belén*. (La Habra, California. Internet. Consultado el 14 de febrero del 2023), ¿? https://es.wikipedia.org/wiki/Bel%C3%A9n. Áine Díaz. Así es Belén, la ciudad en la que, según la tradición cristiana, nació Jesús de Nazaret. (La Habra, California. Internet. Artículo publicado el Miércoles, 23 diciembre del 2020 09:34. Consultado el 14 de febrero del 2023), ¿? https://www.lasexta.com/viajestic/destinos/asi-belen-ciudad-que-segun-tradicion-cristiana-nacio-jesus-nazaret_202012235fe30127098a9d0001e2b6af.html

[425] Wikipedia, la Enciclopedia Libre. *Belén*. (La Habra, California. Internet. Consultado el 14 de febrero del 2023), ¿? https://es.wikipedia.org/wiki/Bel%C3%A9n. (Miqueas 5, 1 y siguientes; I Samuel 16,1.11-13).

que ir a Belén de Judea, el antiguo hogar de David. Viajó hacia allí desde la aldea de Nazaret de Galilea. Llevó consigo a María, su prometida, quien estaba embarazada".[426]

Pues bien, "la población pertenecía a la tribu de Judá y la ciudad es la cuna del rey David, que daría una gran fuerza política al naciente reino de Israel y bajo el cual el reino adquiriría un gran esplendor. Ello llevaría a que nueve siglos después la ciudad fuera asociada a otro gran personaje: Jesús de Nazaret (Luc 2:4-15; Mat 2:1)".[427] Hablamos pues, de que *la pequeña Belén* anunciada por el profeta Miqueas, es la ciudad del rey David, un personaje de gran importancia que sirve además de vínculo entre el judaísmo y el cristianismo porque José, padre de Jesús, era descendiente de David.

La Biblia no se equivocó en sus relatos proféticos y sus cumplimientos exactos, tal y como fueron anunciados en lo geográfico e histórico. Con estas verdades que apoyan *La Natividad* de Jesús el Cristo, podemos decir: *¡Feliz Navidad!*

Pero no sólo podemos decir *¡Feliz Navidad!,* sino que, además, podemos aprender algo más sobre *la pequeña aldea de Belén*. También podemos aprender algo más sobre el Rey de Israel que nació en esa

---

[426] Lucas 2:1-5, (NTV).

[427] Bibliatodo. *Belén: casa del pan - Mapa y Ubicación Geográfica.* (La Habra, California. Internet. Consultado el 14 de febrero del 2023), ¿? https://www.bibliatodo.com/mapas-biblicos/belen

aldea judaica y, por supuesto que también podemos aprender algo más sobre el origen eterno del niño Rey que nació en un pesebre en la pequeña aldea llamada Belén de Judea.

I.- UNA PEQUEÑA ALDEA.

He comentado que el nacimiento de Jesús cumplió el plan cronológico establecido por el *Dios Admirable* y *Soberano*. Siguiendo ese pensamiento cronológico, decimos que, "Jesús nació en tiempos de paz, una paz vigilada por las legiones romanas cuya presencia desalentaba toda posible revuelta en los alejados confines del imperio. En general, esa paz favoreció la prosperidad y hasta una cierta opulencia, incluso en las más apartadas provincias; no así en Palestina, pequeña región de unos 20,000 kilómetros cuadrados situada en el extremo oriental del inmenso territorio conquistado por Roma.

Palestina fue sometida al yugo romano cuando las Legiones de Pompeyo tomaron Jerusalén, en el año 63 a.C., y los judíos que la habitaban (alrededor de un millón) se convirtieron en meros contribuyentes de uno de los más vastos sistemas tributarios que han existido, y que se basaba en los impuestos que pagaban los pueblos conquistados.

Periódicamente, se facultaba a los gobernadores provinciales para que realizaran un censo a fin de organizar el padrón fiscal. Uno de tales censos fue el motivo de que José y María viajaran 150 kilómetros hasta Belén".[428] Este evento histórico/político fue profetizado por el profeta Miqueas, el hombre de Judá que "anunció sus mensajes en el reino del Sur, durante los reinados de Jotán, Acaz y Ezequías, reyes de Judá, desde el 740 hasta el 687 a.c.",[429] y registrado por el doctor Lucas en Su Evangelio cuando relató el nacimiento de Jesús en Belén de Judea.

Su registro histórico dice: "Por aquellos días (por el año 5 o 4 a.c.) *Augusto César* (emperador romano desde el 29 a.c. hasta el 14 d.c.) decretó *que se levantara un censo* en todo el Imperio romano. (Este primer censo se efectuó *cuando Cirenio gobernaba en Siria*). – "En aquel tiempo Siria era una provincia romana a la cual pertenecía la tierra de Israel".[430] Así que iban todos a inscribirse, cada cual a su propio pueblo.

También José, que era descendiente del rey David, *subió de Nazaret*, ciudad de Galilea, a Judea. *Fue a Belén* (viajó unos 150 kilómetros), la Ciudad de David, para inscribirse junto con María su esposa.

---

[428] Gonzalo Ang. *Jesús y su tiempo.* (México. Reader's Digest, México S.A de C. V. 1988), 13.

[429] Comentario en la *Biblia de Estudio Esquematizada. RV, 1960.* (Brasil. Sociedades Bíblicas Unidas. 2010), 1325.

[430] Comentario de pie de página en la *Biblia de Estudio Esquematizada. RV, 1960.* (Brasil. Sociedades Bíblicas Unidas. 2010), 1491.

Ella se encontraba encinta y, mientras estaban allí, *se le cumplió el tiempo*. Así que dio a luz a su hijo primogénito. Lo envolvió en pañales y lo acostó *en un pesebre*, porque no había lugar para ellos en la *posada*".[431]

Se ha comentado que Palestina, era pequeña región de unos 20,000 kilómetros cuadrados situada en el extremo oriental del inmenso territorio conquistado por Roma y, también hemos leído que el profeta Miqueas dijo: *"Belén Efrata, pequeña entre los clanes de Judá"*. Así que tenemos: a Palestina, con un territorio pequeño y a Belén, con un territorio mucho más pequeño. Y, sin embargo, de una región tan pequeña salió algo muy grande; allí nació el Rey de Israel y el Salvador del mundo, el Ser que el profeta Isaías había profetizado que sus nombres serían "Admirable, Consejero, Dios Fuerte, Padre Eterno, Príncipe de Paz".[432] ¡Esto no es un mito! ¡Es historia pura! ¡Es geografía probada! ¡Es la Palabra de Dios! Y, por lo tanto, justo es que le digamos a Jesús: *¡Feliz Navidad!*

¿Una pequeña aldea? ¡Sí, así lo dice la profecía de Miqueas 5:2! "Belén Efrata, pequeña entre los clanes de Judá, …".[433] La profecía de Miqueas 5:2, tiene su cumplimiento en el mismo tiempo establecido

---

[431] Lucas 2:1-7, (NVI). Las **bolds** e *itálicas* son mías.

[432] Isaías 9:6, (RV, 1960).

[433] Miqueas 5:2ª, (NVI).

por Dios en la eternidad. Ese Plan de Dios para la redención de la humanidad anunciaba que en Belén Efrata o Belén de Judea sería el inicio terrenal del Plan Redentor. Un poblado que era "solo una pequeña aldea entre todo el pueblo de Judá",[434] se convertiría en una aldea famosa a nivel mundial con una historia de alegría para todos los pueblos. Una historia que se convirtió en una tradición universal en la que celebramos *La Navidad*.

En ese Plan Divino, como dijera el apóstol Pablo, se incluía la Encarnación de Dios en la persona de Jesucristo por medio de una mujer. El apóstol Pablo dice que, "cuando se cumplió el tiempo establecido, Dios envió a su Hijo, nacido de una mujer y sujeto a la ley".[435] No apoyamos la mariolatría, pero sí creemos que María fue la mujer escogida por Dios para Su Encarnación. El Reformador Martín Lutero tuvo mucho respeto por María a tal grado que dijo que "desde el momento de su concepción por el Espíritu Santo se hubiera preparado una carroza de oro conducida por cuatro mil caballos y delante del convoy se hubiera proclamado a voz en grito: 'Aquí viaja la mujer de las mujeres, la princesa de todo el género humano'. ... Sin embargo, a lo que se oponía Lutero y todos los reformadores, es que se tratara a la virgen María como diosa, y se le dirigieran oraciones

---

[434]   Miqueas 5:2, (NVI).

[435]   Gálatas 4:4, (NTV).

y peticiones tanto a ella como a los demás santos y mártires del pasado. Ellos supieron distinguir el grano de la paja, lo real y lo acreditado históricamente y por la Sagrada Escritura, y de la superstición popular de los siglos del medioevo".[436]

He comentado en un mensaje anterior que la doctrina de la Virginidad de María no es una teología fácil de asimilar y que, aun el mismo José, el prometido de la señorita María de Nazaret dudó de que el embarazo de su prometida fuera un milagro divino. "El hecho es que José dejó de confiar en la fidelidad de María cuando supo que estaba embarazada. Estaba dispuesto para tomar los pasos legales para romper sus desposorios. Pero el ángel le aseguró que la concepción era a causa del Espíritu Santo. Si no estamos dispuestos a creer en los milagros, perderemos de vista el verdadero significado de *La Navidad*".[437]

Este milagro se llevó a cabo en una pequeña aldea llamada Belén Efrata.[438] ¿Una pequeña aldea? ¡Sí, así lo dice la profecía de Miqueas 5:2! Una pequeña aldea

---

[436] Samuel Vila. *Manual de Teología Apologética: Respuesta a los "supuestos" ... de las teorías modernistas*. (Terrassa (Barcelona), España. Editorial CLIE. 1990), 226.

[437] Herbert Vander Lugt. *La fe y lo imposible*. (Nuestro Pan diario: Julio-agosto-septiembre-octubre-noviembre-diciembre. (Horeb en Viladecavalls (Barcelona), España Publicado por M. C. E. 1993). Devocional del día 29 de noviembre sobre Mateo 1:18-25.

[438] Diccionario Enciclopédico de Biblia y Teología. *Efrata* (heb. 'Efráth, 'Efr>th>h, "fructífero" o "fertilidad [campo fecundo]"). Nombre original de Belén de Judá, llamada Efrata (Gen 35:19; 48:7; Rth 4:11) y también Belén Efrata (Mic 5:2). (La Habra, California. Internet. Consultado el 24 de febrero del 2023), ¿? https://www.biblia.work/diccionarios/efrata/

en la cual se inició la tradición de *la Navidad* por el hecho de que la profecía de Miqueas se cumplió al pie de la letra y, por esa razón es que hoy nosotros podemos decir: *¡Feliz Navidad!*

Si decimos confiadamente; *¡Feliz Navidad!*, entonces, ¿Cuál es el verdadero significado de *La Navidad*? ¿Sabemos cuándo nació Jesús? – La fecha exacta del nacimiento de Jesús nadie la sabe, muchos teólogos e historiadores están de acuerdo con que no es posible saber con exactitud cuando nació Jesús, pero el 25 de diciembre es la fecha que la gente escogió para recordar su nacimiento. Por lo que en ese día o en algún otro día del mes de diciembre, celebramos el *Natalicio de Jesús* y decimos: *¡Feliz Navidad!*

Pero la fecha del nacimiento no es lo importante, tampoco es importante los arbolitos navideños, las luces, la comida, los regalos, etc. Lo más importante es no olvidar el verdadero significado de *La Navidad*.

"Navidad es cuando el Hijo de Dios, que también es Dios, dejó todas SUS COMODIDADES de vivir en el lugar perfecto, dejó la adoración de los ángeles y bajo del cielo a nacer en una familia pobre, con un padre carpintero, de una mujer maravillosa fiel a Dios. Y no nació en la sala de un hospital, con doctores y enfermeras que cuidaran a la madre y al niño, nació en un pesebre, en un establo maloliente, sin luces de neón, ni cenas pomposas. ¿Puede imaginarse a su hijo(a) nacer así? O ¿Puede imaginarse usted mismo(a) naciendo así?

El hijo de Dios, en medio del polvo y el excremento de los animales, lo dejó todo para venir al mundo a estar en contacto con las personas y amarlas con todo su corazón y darles lo mejor de Él, ¿a cambio de qué?, la gente lo escupió, lo rechazó, lo insultó, lo abofeteó, se burlaron de Él, lo azotaron, torturaron, le arrancaron la barba – y hoy, algunos dicen que esto de *la Navidad* es un mito -, y todo por haber amado a las personas, la gente de ese tiempo no supo respetar al HIJO DE DIOS, qué insensatos ¿verdad?"[439] ¿Y qué de la gente de hoy? ¿Acaso no es insensatez decir que la Festividad de la Navidad es un mito sin ponerse a ver sus trasfondos históricos, literarios, sociales, culturales y religiosos?

En Su Omnisciencia, Jesucristo sabía todo lo que ya se ha mencionado. El profeta Isaías lo había profetizado[440] y, aun así, por amor a la humanidad, escogió una pequeña aldea y un sucio pesebre para cumplir con la Palabra escrita.

---

[439]   Boris Sotomayor Goldsworthy. *Feliz Navidad...* (La Habra, California. Internet. Artículo publicado en Santa Cruz, Bolivia para: Renuevo» Artículos Cristianos Por Nuestros Colaboradores» con el título: *Feliz Navidad...* Consultado el 23 de enero del 2023), ¿? https://renuevo.com/feliz-navidad-2.html

[440]   Isaías Capítulos 52 y 53.

II.- Rey de Israel.

Además de que el profeta Miqueas ha dicho que Belén era una pequeña aldea, también asegura, usando la prosopopeya,[441] para decirle: "... de ti, ... saldrá el que gobernará a Israel";[442] Y, sí, de acuerdo con la narrativa bíblica, la Geografía de Palestina y tradición cristiana, en la pequeña aldea llamada Belén, en el territorio de Judea, nació Jesús, el Mesías de Dios y Rey de Israel; el *que gobernaría a Israel.*

Aproximadamente unos treinta y dos años después del Natalicio de Jesús en Belén de Judea, el Señor se presentó en la ciudad de Jerusalén para cumplir una de las profecías dichas por el profeta Zacarias, el compañero de misión profética de Hageo. Una profecía que fue anunciada entre los años 520 y 518 a.C., y que dice:

"¡Alégrate mucho, hija de Sión!
¡Grita de alegría, hija de Jerusalén!
Mira, tu rey viene hacia ti,
justo, Salvador y humilde.
Viene montado en un asno,
en un pollino, cría de asna".[443]

---

[441] Nacho Téllez. *Las 25 principales figuras retóricas:* Prosopopeya. La prosopopeya es una de esas figuras literarias que se usan a menudo sin ser consciente de ello. Consiste en atribuir cualidades propias de seres humanos a elementos que no lo son (La Habra, California. Internet. Consultado el 15 de marzo del 2023), ¿? https://nachotellez.com/principales-figuras-retoricas/

[442] Miqueas 5:2b, (NVI).

[443] Zacarias 9:9, (NVI).

¿Lo notaron? Aproximadamente quinientos años antes de poder decir: *¡Feliz Navidad!,* ya el profeta Zacarías, tomando las palabras del Señor como un hecho, invita al pueblo de Israel a "alegrase, pues su Rey llega – no llegará, para Zacarías ya es un hecho -. Ese futuro Rey de Israel sería muy distinto de los otros reyes".[444] Para el apóstol Pablo: "Todas las promesas que ha hecho Dios son 'sí' en Cristo. Así que por medio de Cristo respondemos 'amén' para la gloria de Dios".[445]

Jesucristo, pues, llega a Jerusalén para cumplir, también, con esta profecía de Zacarias, asegurando una vez más que él vino bajo la ley para cumplir no solamente la Ley Mosaica sino todas las profecías mesiánicas que lo acreditan como el Rey de la nación de Israel y el Salvador del mundo.[446] Cumplió todas y cada una de ellas tanto en su referencia a su entrada a este mundo en un nacimiento virginal, como a su a su tiempo de venida y lugar de la llegada.

Para el Rey de Israel, ¡nada estaba, ni ahora está, fuera de su control! El ser humano puede seguir haciendo sus planes, pero, los planes de Dios no son nuestros planes, así lo dijo Dios por boca del profeta Isaías.[447] Diciendo: "Mis pensamientos no se parecen

---

[444] Comentario en la *Biblia de Estudio Esquematizada. RV, 1960.* (Brasil. Sociedades Bíblicas Unidas. 2010), 1359.

[445] 2 Corintios 1:20, (NVI).

[446] Mateo 21:1-10.

[447] Isaías 55:8-9.

en nada a sus pensamientos—dice el Señor—. Y mis caminos están muy por encima de lo que pudieran imaginarse. Pues, así como los cielos están más altos que la tierra, así mis caminos están más altos que sus caminos y mis pensamientos, más altos que sus pensamientos".[448] ¡Quién se iba a imaginar que el Creador del universo nacería en un sucio pesebre! Y, sí, el Rey de Israel y Salvador del mundo nació en una insignificante aldea en la provincia de Judá en Israel. ¡Quién se iba a imaginar que tan distinguido Personaje Divino nacería humilde y después *cabalgando sobre un asno*! ¡Ah, los planes de Dios!

El escritor David C. Egner contó entre sus escritos que por muchos años los Estados Unidos estuvo bajo la amenaza del comunismo mundial. Dijo que "la URSS se levantaba como un oso gigantesco, amenazando la paz del mundo. Se levantaba cara a cara contra los EE. UU., como poder nuclear en la gélida atmosfera de la guerra fría".[449] Bajo esa tensión política, muchos cristianos comenzaron a tener no sólo preocupación sino también temor de que los rusos ganaran la guerra tanto de los armamentos como de las ideas: ¡El cristianismo estaba en peligro de ataque! ¡El comunismo ateo se hacía más poderoso!

---

[448] Isaías 55:8-9, (NTV).

[449] David C. Egner. *Dios, por encima de las naciones*. Nuestro Pan diario: Julio-agosto-septiembre-octubre-noviembre-diciembre. (Horeb en Viladecavalls (Barcelona), España Publicado por M. C. E. 1993). Devocional del día 7 de noviembre sobre el Salmo 113.

Y, sin embargo, el Rey de Israel, y ahora también el Rey mundial que había nacido en la aldea de Belén de Judea, puso en marcha su ejército celestial y su poder divino para lograr la liberación del amenazante comunismo ateo.

De la pequeña aldea de Belén de Judea salió el Rey de Israel que siempre está en defensa de los suyos. Los años han pasado y su fidelidad soberana siempre ha estado cuidando y protegiendo a los que están bajo su soberanía al mismo tiempo que no ha perdido el control de las actividades mundiales. ... miremos - por ejemplo, lo – que sucedió en 1991. Los cambios que comenzaron bajo Gorbachov llevaron al rompimiento de la Unión Soviética y a la ascensión de Boris Yeltsin como dirigente de la nueva comunidad. Se derrumbaron las murallas. Se eliminaron las restricciones a la proclamación del evangelio. Se abrieron iglesias. Los que habían sido orgullosos dirigentes del estado comunista y ateo había dejado de ocupar el primer plano de la vida política".[450] ¡Una victoria se había ganado! El Evangelio del Rey de Israel tenía libre acceso a los corazones de los habitantes de la URSS. La salvación en Cristo Jesús comenzaba a florecer y dar sus frutos con el valioso cuidado del Espíritu Santo. El que

---

[450] David C. Egner. *Dios, por encima de las naciones.* Nuestro Pan diario: Julio-agosto-septiembre-octubre-noviembre-diciembre. (Horeb en Viladecavalls (Barcelona), España Publicado por M. C. E. 1993). Devocional del día 7 de noviembre sobre el Salmo 113.

nació en la pequeña aldea de Belén de Judea tomó el control de las naciones.

¡Gloria a Dios por esta libertad! Y, sin embargo, "sabemos que estos enormes cambios no pusieron fin a la guerra espiritual entablada entre Satanás y Cristo. Pero nos recuerda quien está, en último término, controlando los asuntos de los hombres y de las naciones".[451] El Rey de Israel, el Ser Divino que nació en Belén de Judea en cumplimiento de la profecía del profeta Miqueas, ¡Él es el que está controlando los asuntos de los hombres y las naciones! ¡Él es el Rey Soberano!

Cuando el profeta Miqueas profetizó sobre la participación en los planes de Dios de Belén de Judea, diciendo: *"... de ti, ... saldrá el que gobernará a Israel"*, creo que no alcanzó a comprender la dimensión del gobierno que tendría el niño de Belén. El salmista, en uno de sus Salmos de alabanza dijo:

"El Señor domina sobre todas las naciones;
    su gloria está sobre los cielos.
¿Quién como el Señor nuestro Dios,
    que tiene su trono en las alturas
    y se digna contemplar los cielos y la tierra?

---

[451]   David C. Egner. *Dios, por encima de las naciones.* Nuestro Pan diario: Julio-agosto-septiembre-octubre-noviembre-diciembre. (Horeb en Viladecavalls (Barcelona), España Publicado por M. C. E. 1993). Devocional del día 7 de noviembre sobre el Salmo 113.

Él levanta del polvo al pobre
y saca del muladar al necesitado;
los hace sentarse con príncipes,
con los príncipes de su pueblo".[452]

¡Sí!, ciertamente el Rey de Israel se humilló hasta lo sumo. Dejó su gloria. Nació en la paupérrima pobreza y, desde ese estado de humillación, el Rey de Israel, *"El Señor* – que - *domina sobre todas las naciones"*, es el mismo que *"levanta del polvo al pobre y saca del muladar al necesitado"*. Es el mismo que nació en Belén de Judea y, por lo tanto, es el mismo al que debemos felicitarlo y decirle: *¡Feliz Navidad!*

No es una novedad que "las naciones pueden subir a grandes elevaciones de poder y reírse de Dios, pero Él es más alto que las naciones y más poderoso que sus gobernantes".[453]

¡Sí!, fue un bebé nacido en la más triste pobreza judía y un ser que vivió entre la pobreza humana del pueblo de Nazaret en Galilea, pero ¡llegó a ser el Rey de Israel! Y, el Nuevo Testamento lo pone como el "Señor de señores y Rey de reyes".[454] El niño de Belén de Judea, ahora, ¡es el Rey mundial!

---

[452] Salmo 113:4-8, (NVI).

[453] David C. Egner. *Dios, por encima de las naciones.* Nuestro Pan diario: Julio-agosto-septiembre-octubre-noviembre-diciembre. (Horeb en Viladecavalls (Barcelona), España Publicado por M. C. E. 1993). Devocional del día 7 de noviembre sobre el Salmo 113.

[454] Apocalipsis 19:16.

Es decir que desde su humillación tiene suficiente poder, no solamente para exaltar al pobre y necesitado, sino que también le ofrece un lugar muy especial: ¡Lo sienta al lado de los grandes en la Familia de Dios! ¡Él es el Rey de Israel! Y, además, ¡es nuestro gran Salvador y Señor de nuestras vidas! ¡Aleluya! Creo, pues que, no existe ninguna barrera bíblica, teológica, literaria, geográfica e histórica para poder decirle a Jesucristo: *¡Feliz Navidad!*

III.- ORIGEN ETERNO.

Cuando la profecía de Miqueas dijo que un gobernante saldría de Belén de Judea, profetizó diciendo que, "... sus orígenes se remontan hasta la antigüedad, hasta tiempos inmemoriales".[455] Esto es que el profeta anticipó que, por orden del Señor Dios, llegaría un gobernante que sus orígenes son eternos. En un mensaje anterior les comenté sobre la primera parte de la exposición teológica del filósofo Justino Mártir que escribió en una de sus extensas apologéticas sobre la religión. En ella ha dicho, que el nacimiento virginal de Jesús no fue un acontecimiento sin anticipación, sino que Dios lo estuvo anunciando por medio de sus profetas porque debería de ser un acontecimiento misterioso y, Dios

---

[455]   Miqueas 5:2c, (NVI).

no quería que se quedara sin fe. Dios deseaba que creyeran en su Plan Divino sobre la encarnación.[456]

Así que, Justino Mártir, dice: "vamos ahora a poner en claro las palabras de la profecía – se refiere a Isaías 7;14 -, no sea que, por no entenderla, se nos objete lo mismo que nosotros decimos contra los poetas cuando nos hablan de Zeus, que por satisfacer su pasión libidinosa se unió con diversas mujeres. Así pues, que una virgen concebirá, significa que *la concepción seria sin comercio natural*, pues de darse este ya no sería virgen, sino que *fue la virtud de Dios la que vino sobre la virgen* y la cubrió de su sombra y, permaneciendo virgen, hizo que concibiera".[457]

Justino dice que *la concepción seria sin comercio natural*, y que *fue la virtud de Dios la que vino sobre la virgen*, esto es que, el origen del Gobernante profetizado por Miqueas, el cual es Jesucristo, ¡es de origen eterno!

Pues bien, siendo que el niño Jesús que nació en la pequeña aldea de nombre Belén en el territorio de Judá y que llegó a ser el Rey de Israel, es un Ser Divino y Eterno y que, además, es el más alto que las naciones y más poderoso que sus gobernantes,

---

[456] Samuel Vila. *Manual de Teología Apologética: Respuesta a los "supuestos" ... de las teorías modernistas.* (Terrassa (Barcelona), España. Editorial CLIE. 1990), 215.

[457] Samuel Vila. *Manual de Teología Apologética: Respuesta a los "supuestos" ... de las teorías modernistas.* (Terrassa (Barcelona), España. Editorial CLIE. 1990), 215. Las **bolds** y las *itálicas* son mías.

entonces, no sólo nos garantiza al cien por ciento la salvación, sino que, además, nos garantiza, también al cien por ciento, ¡la Eternidad!

Estas son las Buenas Nuevas que María recibió...

Estas son las Buenas Nuevas que José recibió....

Estas son las Buenas Nuevas que los pastores de Belén recibieron....

Estas son las Buenas Nuevas en las que fueron educados, entrenados y hechos ministros los apóstoles....

Estas son las Buenas Nuevas por las que hoy podemos decirle acertadamente a Jesucristo: *¡Feliz Navidad!*

Estas, pues, son las Buenas Nuevas que nos ha presentado el Nuevo Testamento y en las cuales hemos creído. Entonces, pues, "queda dicho, Evangelio y Jesucristo son la misma cosa. El que trae la Buena Noticia, es la Buena Noticia. Por eso, decir cristianismo es decir Cristo. En términos teológicos se puede decir que con Jesús la historia ha alcanzado 'la plenitud de los tiempos' (Gálatas 4:4). La Historia del mundo y la historia de cada individuo",[458] en *La Navidad* se resumen a: ¡nació el Rey de la Historia!, ¡nació el Salvador del mundo!, ¡nació nuestro Rey Jesús! Es decir que la eternidad del niño del Belén

---

[458] Alfonso Ropero Berzosa. *La Vida del Cristiano Centrada en Cristo: La Gran Transformación.* (Viladecavalls, (Barcelona), España. Editorial CLIE. 2016), 17.18.

llegó a la humanidad en el tiempo determinado por el mismo Dios Eterno.

Hoy, mientras recordamos *La Natividad* dentro de la Eternidad Divina, podemos decirle acertadamente a Jesucristo: *¡Feliz Navidad!*

CONCLUSIÓN.

El escritor David C. Egner dijo que: "Las carreteras de la historia están llenas de los restos de naciones que se olvidaron de Dios".[459] ¿Será posible que nos olvidemos de la celebración del Natalicio de Jesucristo? Me temo que sí. Para un buen número de personas, *La Navidad* es todo lo posible por hacer, como vacaciones y fiestas. Pero celebrar *La Navidad* en una verdadera adoración tal y como debe de ser, esto, tristemente, ¡está quedando en la historia!

Hoy, la Biblia, la teología, la historia y otras ciencias nos han recordado que en Belén de Judea; en aquella histórica y pequeña aldea de Judea nació, de la joven María desposada con José de Nazaret, el que ERA y ES el Rey de Israel.

En cumplimiento de la profecía del profeta Miqueas quien había dicho que Belén Efrata, que era una pequeña aldea en Judea, sería la cuna del Rey de Israel. Un Rey al que los músicos no le dieron

---

[459]   David C. Egner. *Dios, por encima de las naciones.* Nuestro Pan diario: Julio-agosto-septiembre-octubre-noviembre-diciembre. (Horeb en Viladecavalls (Barcelona), España Publicado por M. C. E. 1993). Devocional del día 7 de noviembre sobre el Salmo 113.

la bienvenida, un Rey que no nació en el Palacio de la ciudad capital, ni que buscó el trono Israelita, sino que fue un Rey muy distinto de los otros reyes que había tenido la nación de Israel. Fue un Rey *humilde* y que, cuando usaba un medio de transporte, se *montaba en un asno o asna*.

Y, sin embargo, su humildad no opacó su origen eterno. El niño que nació en el establo de la pequeña aldea de nombre Belén de Judea, ES el ETERNO Rey de Israel. Es al que hoy podemos decir al unísono: *¡Feliz Navidad!*

PARA TERMINAR ESTE LIBRO

En la introducción a este libro escribí las preguntas de Juan Mast que presentó en su artículo navideño titulado: *Un niño nos es nacido*. Te las recuerdo: "¿Cuál es el evento que cambio la historia humana, que marcó el cambio del calendario? ¿Qué acontecimiento trajo esperanza al ser humano destituido de Dios? - La Biblia dice que - fue el nacimiento de Jesús, - es decir, el evento de – Dios hecho carne (Juan 1:14)".[460] Pero también hablamos de que para el teólogo liberal Rudolph Bultmann y otros, la narrativa de *La Navidad* es un mito.

Po ejemplo, "Bultmann propuso que, a fin de que el evangelio fuera aceptable y relevante para el pensador moderno, había que desmitologizar el Nuevo Testamento. En otras palabras, los componentes míticos (es decir, los aspectos milagrosos) debían ser eliminados, y entonces se podría ver la verdad universal subyacente en las historias. Para Bultmann, la verdad universal era que, en Cristo, Dios había actuado por el bien de la humanidad. Sin embargo, los relatos del Nuevo Testamento respecto *al nacimiento*

---

[460] Juan Mast. *Un niño nos es nacido*. Artículo en La Antorcha de la Verdad: Revista bimestral. (Costa Rica, C.A. Publicadora la Merced. Noviembre-diciembre del 2022. Volumen 36, Número 6), 1, 10.

virginal, el caminar sobre el agua, la multiplicación de los panes y de los peces, dar vista a los ciegos, e incluso la resurrección de Jesús, se deben eliminar como complementos míticos al mensaje esencial.

Hoy en día, existen muchas expresiones del cristianismo que siguen esta línea de pensamiento, ya sea que se la atribuyan a Bultmann o no. Lo que podría llamarse 'liberalismo principal' se basa en una biblia desmitologizada. El liberalismo enseña una bondad ambigua de Dios y la hermandad del hombre con un énfasis en seguir el ejemplo de Cristo, restando importancia o negando los milagros".[461]

Aunque ya aclaramos que la narrativa Bíblica no es una ensarta de mitos, entre ellos la narrativa de *La Navidad*. Aun así, estoy consciente de que, por alguna razón o razones, algunos no celebran *La Navidad*.

Respeto sus opiniones. Sin embargo, "inmensamente mayor importancia tiene el que estemos absolutamente seguros de que tengamos plena certeza. Y, según la lógica con la cual estamos dotados mediante la razón, cada proposición que se nos presente sólo puede tener dos alternativas: o es falsa, o es verdadera; o es mentira, o es verdad. Y como seres creados a la 'imagen y semejanza'

---

[461] Got Questions. *¿Qué es la desmitologización? ¿Hay que desmitologizar la biblia?* (La Habra, California. Internet. Consultado el 9 de enero del 2023), ¿? https://www.gotquestions.org/Espanol/desmitologizacion.html

de Dios, tenemos el deber no sólo de encontrar lo verdadero, la verdad, sino de regirnos por lo mismo: lo verdadero, la verdad".[462]

La narrativa de *La Navidad* en este libro es de acuerdo con lo verdadero, es la verdad bíblica, teológica e histórica. Es decir que lo que hasta en estas líneas y las que siguen has leído no tiene que ver con algunas de las opiniones meramente tradicionales o paganas o no cristianas o no bíblicas, como quieras llamarlas. Si eres honesto (a), te has dado cuenta de que los datos sacados de las mitologías, o religiones o creencias no son para apoyar las narrativas navideñas, sino para compararlas con las verdades bíblicas. Es decir que, este libro está basado en la historia, en la geografía, en la sociología, en la tradición. en la teología y en los relatos que se encuentran en la Biblia.

Por ejemplo, notemos nuevamente lo que escribió sobre *la Navidad* el Evangelista Mateo. Él dijo:

"El origen de Jesucristo fue éste: María, su madre, estaba comprometida para casarse con José; pero antes que vivieran juntos, se encontró encinta por el poder del Espíritu Santo. José, su marido, que era un hombre justo y no quería denunciar

---

[462] Héctor Pereira Suarez. *Hechos innegables que inspiran certidumbre: Obra para revitalizar las raíces espirituales y producir abundante fruto en la vida de quienes la lean.* (Menlo Park, California. EE. UU. Publicado por Guiding Series Books.1990), 27-28.

públicamente a María, decidió separarse de ella en secreto. Ya había pensado hacerlo así, cuando un ángel del Señor se le apareció en sueños y le dijo: 'José, descendiente de David, no tengas miedo de tomar a María por esposa, porque su hijo lo ha concebido por el poder del Espíritu Santo. María tendrá un hijo, y le pondrás por nombre Jesús. Se llamará así porque salvará a su pueblo de sus pecados'.

Todo esto sucedió para que se cumpliera lo que el Señor había dicho por medio del profeta:

'La virgen quedará encinta y tendrá un hijo,

al que pondrán por nombre Emanuel (que significa: Dios con nosotros')".[463]

¿Te das cuenta? *La Navidad* es mucho más que regalos y adornos artificiales. *La Navidad* nos recuerda el evento más importante en la historia humana: el nacimiento de Jesús, el Niño de Belén. *La Navidad* es una experiencia con Dios mismo. Es decir que, "desde los días de su carne muchos entraron en la experiencia de Jesús como experiencia de Dios, es decir de salvación y de vida eterna".[464] ¡Esta es la verdadera *Navidad*! Dios no se encarnó

---

[463]   Mateo 1:18-23, (DHH). Las **bolds** e *itálicas* son mías.

[464]   Alfonso Ropero Berzosa. *La Vida del Cristiano Centrada en Cristo: La Gran Transformación.* (Viladecavalls, (Barcelona), España. Editorial CLIE. 2016), 18.

solamente porque deseaba estar con el ser humano, sino que también lo hizo para abrir la puerta a la salvación y presentar el camino hacia la vida eterna.

La Navidad es el tiempo en que celebramos cómo Dios interviene en la realidad humana a través de su Hijo Jesús, trayendo perdón y paz a un mundo destrozado por la maldad. Ese Niño de Belén es nuestra única esperanza de vivir en amor con Dios y con nuestro prójimo, y la certeza de una vida eterna después de la muerte. ¡Esa es la verdadera celebración de la Navidad!".[465]

Así que:

¡Feliz Navidad!

Eleazar Barajas
La Habra, California, USA.

---

[465] Anónimo en Alimento Diario. *Pronto será Navidad.* (La Habra, California. Internet. Devocional publicado el día 11 de diciembre del 2022 sobre Mateo 1:18.23. Consultado el día 14 de diciembre del 2022), ¿? <bibliavida@luzmundialemail.com>

BIBLIOGRAFÍA

Allberry, Sam. *Lo que Dios dice sobre nuestros cuerpos.* (Nashville, TN. B&H Publishing Group. 2022).

Ang, Gonzalo. *Jesús y su tiempo.* (México. Reader's Digest, México S.A de C. V. 1988).

Barclay, William. *Comentario al Nuevo Testamento. Volumen 3: Marcos.* (Terrassa (Barcelona), España. Editorial CLIE. 1970).

Barclay, William. *Comentario al Nuevo Testamento. Volumen 4: Lucas.* (Terrassa (Barcelona), España. Editorial CLIE. 1994).

Barclay, William. *Comentario al Nuevo Testamento. Volumen 7: Hechos.* Trd. Alberto Araujo. (Terrassa (Barcelona), España. Editorial CLIE. 1994).

Barclay, William. *Comentario al Nuevo Testamento. Volumen 8: Romanos.* (Terrassa (Barcelona), España. Editorial CLIE. 1995).

Barclay, William. *Comentario al Nuevo Testamento. Volumen 11: Filipenses, Colosenses, 1ra y 2da Tesalonicenses.* Trd. Alberto Araujo. (Terrassa (Barcelona), España. Editorial CLIE. 1970).

Barclay, William. *Comentario al Nuevo Testamento. Volumen 12: 1ra y 2da Timoteo; Tito; Filemón.* Trd. Alberto Araujo. (Terrassa (Barcelona), España. Editorial CLIE. 1995).

Batterson, Mark. *Destino Divino: Descubre la identidad de tu alma.* Trd. Andrés Carrodeguas. (Miami, Florida. Editorial Vida. 2014).

Berkhof Louis. *Teología Sistemática.* Trd. Felipe Delgado Cortés. (Grand Rapids, Michigan. Libros Desafío. 1988).

Berzosa, Ropero Alfonso. *La Vida del Cristiano Centrada en Cristo: La Gran Transformación.* (Viladecavalls, (Barcelona), España. Editorial CLIE. 2016).

Biblia de Estudios Esquematizada. Reina Valera, 1960. (Brasil. Sociedades Bíblicas Unidas. 2010).

Bock L. Darrell. *Comentarios Bíblicos con Aplicación: LUCAS: del texto bíblico a una aplicación contemporánea.* (Miami, Florida. Editorial Vida. 2011).

Bramsen, D. P. *Un Dios un Mensaje: Descubre el misterio, haz el viaje.* (Grand Rapids, Michigan. Editorial Portavoz. 2011).

Bruce, F. F. *La Epístola a los Hebreos.* Trd. Marta Márquez de Campanelli y Catharine Feser de Padilla. (Grand Rapids, Michigan. Nueva Creación. Filial de William B. Eerdmans Publishing Company. 1987).

Calcada, S. Leticia. Edición General. *Diccionario Bíblico Ilustrado Holman: Exhaustivo. teológico. Escritural. Excepcional sistema de índice. Más de 600 fotografías, ilustraciones, gráficos y mapas de todo color.* (Nashville, Tennessee. B&H Publishing Group. 2008).

Carro, Daniel, José Tomás Poe y Rubén O, Zorzoli. Editores Generales. *Comentario Bíblico Mundo Hispano. Tomo 8. SALMOS.* (El Paso, Texas. Editorial Mundo Hispano. 2007).

DeHaan, J. Dennis. Editor Ejecutivo. *Nuestro Pan diario: Julio-agosto-septiembre-octubre-noviembre-diciembre.* (Horeb en Viladecavalls (Barcelona), España Publicado por M. C. E. 1993).

Erickson, Millard. *Teología Sistemática. Colección Teología contemporánea.* Trd. Beatriz Fernández. (Viladecavalls (Barcelona), España. Editorial CLIE. 2008).

García L. Alberto. *Cristología: Cristo Jesús: Centro y Praxis del Pueblo de Dios.* (San Louis Missouri. Editorial Concordia; División hispana de Concordia Publishing House. 2006).

Glaser, Mitch. *Isaías 53: Una explicación: Este Capítulo cambiará su vida.* Trd. Marta Sedaca. (Nueva York. Chosen People Productions. 2010).

Grenz, J. Stanley, David Guretzki y Cherith Fee Nordling. *Términos Teológicos: Diccionario de bolsillo: Más de 300 términos definidos de manera clara y concisa.* (Colombia. Editorial Mundo Hispano. 2013).

Henry, Matthew. *Pentateuco: Comentario exegético devocional a toda la Biblia.* Trd. Francisco Lacueva. (Terrassa, (Barcelona), España. Editorial CLIE. 1983).

Henry, Matthew. *2 Corintios - Hebreos: Comentario exegético devocional a toda la Biblia.* Trd. Francisco Lacueva. (Terrassa, (Barcelona), España. Editorial CLIE. 1989).

Hendriksen, Guillermo. *Filipenses: Comentario del Nuevo Testamento.* Traducido bajo los auspicios de: "El Estandarte de la Verdad". (Grand Rapids, Michigan. Publicado por la Subcomisión de literatura cristiana de la Iglesia Cristiana Reformada y distribuido por T.E.L.L. 1981), 222-223.

Hendriksen, Guillermo. *1 y 2 Timoteo-Tito: Comentario del Nuevo Testamento.* (Grand Rapids, Michigan. Subcomisión Literatura Cristiana de la Iglesias Cristiana Reformada. 1979).

Himnario Bautista. (El Paso, Texas. Casa Bautista de Publicaciones.1986).

Hipona, San Agustín. *La Trinidad.* (San Bernardino California. Ivory Falls Books. 2017).

Konig, Frank, director del Proyecto. *Cristo y las Religiones de la Tierra: Manual de historia de la religión.* Trd. Ramón Valdez del Toro. Volumen II: Religiones de los pueblos y de las culturas de la antigüedad. Segunda Edición. (Madrid. Biblioteca de autores cristianos; Editorial Católica S. A. Por concesión de Verlag Herder Wien. MCMLXVIII).

Lyon, San Ireneo de. Contra los herejes. (San Bernardino, California. USA. Ivory Falls Books. 2017).

McKnight, Scot. *Comentarios bíblicos con Aplicación: GALATAS: del texto bíblico a una aplicación contemporánea.* (Nashville, TN. Editorial Vida. 2015),

Millos, Pérez Samuel. *Comentario exegético al texto griego del Nuevo Testamento. JUAN.* (Viladecavalls (Barcelona), España. Editorial CLIE. 2016).

Millos, Pérez Samuel. *Comentario exegético al texto griego del Nuevo Testamento. HEBREOS.* (Viladecavalls (Barcelona), España. Editorial CLIE. 2009).

Nisly Duane. Editor. *La Antorcha de la Verdad:* Revista bimestral. (Costa Rica, C.A. Publicadora la Merced. Noviembre-diciembre del 2022. Volumen 36, Número 6).

Pereira, Suarez Héctor. *Hechos innegables que inspiran certidumbre:* Obra para revitalizar las raíces espirituales y producir abundante fruto en la vida de quienes la lean. (Menlo Park, California. EE. UU. Publicado por Guiding Series Books.1990).

Ramson, P.D. *Un Dios un mensaje: Descubre el misterio, haz el vieje.* Trd. Carlos Tomás Knott. (Grand Rapids, Michigan. Editorial Portavoz, filial de Kregel Publications. 2011).

Tenney, C. Merrill. *Nuestro Nuevo Testamento: Estudio panorámico del Nuevo Testamento.* (Grand Rapids, Michigan. Editorial Portavoz. 1961).

Tozer W. A. *Los atributos de Dios: Volumen Uno. Con guía de estudio. Un viaje hacia el corazón del Padre.* Trds. María Mercedes Pérez, María del C. Fabbri Rojas y María

Bettina López. (Lake Mary, Florida. Publicado por Casa Creación: Una compañía de Carisma Media. 2013).

Trenchard, Ernesto. *Los Hechos de los Apóstoles: Un Comentario.* Prefacio por el profesor F. F. Bruce, M. A. D. D. de la Universidad de Manchester. (Madrid, España. Biblioteca de Cursos de Estudio Bíblico: Literatura Bíblica. 1964).

Vila, Samuel. *Manual de Teología Apologética: Respuesta a los "supuestos" ... de las teorías modernistas.* (Terrassa (Barcelona), España. Editorial CLIE. 1990).

Wiersbe W. Warren. *Jesús en el tiempo presente: Las declaraciones "YO SOY" de Cristo.* Trd. Miguel A. Mesías. (Nashville, Tennessee. Grupo Nelson. 2012), 2.

Wikipedia, La Enciclopedia Libre. (La Habra, California. Internet).

Wilkins, J. Michael. *Comentario Bíblico con Aplicación: Mateo: del texto bíblico a una aplicación contemporánea.* (Nashville, Tennessee. Editorial Vida. 2016).

Zacharias, Ravi y Kevin Johnson. *Jesús entre otros Dioses: La verdad absoluta del mensaje Cristiano: Edición para jóvenes.* (Sin país o ciudad de publicación. Ediciones Betania. Sin fecha d publicación).

Printed in the United States
by Baker & Taylor Publisher Services